LORENA SCHÖNFELD

GRAFOMOTORIK SPIELERISCH ERLERNEN

Alle Ratschläge in diesem Buch wurden vom Autor und vom Verlag sorgfältig erwogen und geprüft. Eine Garantie kann dennoch nicht übernommen werden. Eine Haftung des Autors beziehungsweise des Verlags für jegliche Personen-, Sach- und Vermögensschäden ist daher ausgeschlossen.

Email: info@edition-lunerion.de
www.edition-lunerion.de

Psiana eCom UG
Berumer Str. 44
26844 Jemgum

Inhalt

Vorwort

Mit dem Schreibenlernen steht Ihr Nachwuchs auf Kriegsfuß? Die Stiftführung ist unruhig und das Schriftbild gehört eher in die Kategorie „Kritzelkunst”? Oder möchten Sie einfach von Anfang an den Grundstein für einen mühelosen und gelungenen Schrifterwerb legen? Dann ist dieser praktische Ratgeber Ihr perfekter Begleiter auf dem Weg zu schön geschwungener Buchstaben-Kunst!

Das Lesen- und Schreiben-Lernen ist ein komplexer Prozess: Von der Feinmotorik über die Auge-Hand-Koordination bis hin zu Serialität und Gedächtnis sind zahlreiche Bausteine mit dem Erwerb dieser unverzichtbaren Fähigkeit verbunden und eine Schlüsselkompetenz ist die Grafomotorik. Zum Glück lässt die sich kinderleicht trainieren und wie das altersgerecht und mit Spaßfaktor klappt, zeigt Ihnen dieses Buch. Machen Sie sich zunächst mit den neuesten wissenschaftlichen Erkenntnissen rund um Grundlagen wie Schrifterwerb, Motorik, Händigkeit, Leseförderung & Co. vertraut und finden Sie heraus, wie Sie den Kompetenzstatus Ihres Kindes ermitteln können. Anschließend entdecken Sie eine Riesenauswahl an Übungen, Spielen sowie Fördermaterialien, mit denen Sie alle Aspekte der Grafomotorik effektiv und gezielt üben – nach Klassenstufen sortiert, einfach anwendbar und mit minimalem Aufwand. Ihr Kind hat wenig Lust auf Schreibübungen? Keine Sorge! Bei den spielerischen Ideen in diesem Buch stehen Spaß, Abwechslung und Kreativität im Vordergrund, sodass auch ABC-Muffel mit Begeisterung bei der Sache sind!

Schlüsselqualifikation Grafomotorik

Der Eintritt in die Schule ist für jedes Kind ein wichtiger, großer und wegweisender Schritt. Es gibt so vieles zu entdecken, kennenzulernen, auszuprobieren und zu bewältigen. So viele neue Eindrücke und Erfahrungen, die es zu sammeln, und so viele Herausforderungen und Hürden, die es zu überwinden gilt. All diese Erlebnisse sind neu, aufregend, spannend und manchmal auch enttäuschend zugleich – vor allem dann, wenn die Realität anders aussieht als die eigenen Vorstellungen.

Eine der größten und komplexesten Herausforderungen für Kinder ist dabei das Schreibenlernen. Liegen noch Blätter mit Linien zum Nachspuren und Zeilen zum Schreiben der ersten Buchstaben und Wörter vor ihnen auf dem Tisch, wissen einige Kinder noch gar nicht so wirklich, wie sie die von ihnen erwarteten Aufgaben und Anforderungen meistern sollen. Doch mit jeder neuen Aufgabe und jedem weiteren Üben werden sie schnell bemerken, dass sie immer sicherer werden und ihnen das Lesen, Schreiben, Rechnen und Nachdenken zunehmend leichter fallen.

Auf ihrer Reise zum lesenden und schreibenden Profi werden Kinder dabei von diesem Buch unterstützt, das sowohl im Vorschulalter als auch zum Schuleintritt als Leitfaden zum Erlernen wichtiger grafomotorischer Fähigkeiten dient. Dafür steigt das vorliegende Buch in die Thematik der Grafomotorik zunächst mit einem Überblick und wichtigem Hintergrundwissen sowie Begriffsdefinitionen zu den grundlegenden Fähigkeiten ein – dazu zählen unter anderem die Schreibkompetenz, die Feinmotorik, die Grafomotorik sowie die Schreibmotorik– und beleuchtet anschließend den Lese- und Schreiberwerb als komplexen Prozess. Im Zuge dessen wird das Stufenmodell nach Scheerer-Neumann erläutert, das den Lern- und Entwicklungsprozess von Kindern beschreibt, bevor das Augenmerk auf den Zusammenhang zwischen Grafomotorik und dem schulischen Erfolg gerichtet wird.

Daran anknüpfend geht das Buch näher auf die wichtige Thematik der Händigkeit ein und beschreibt dabei zunächst, was unter dem Begriff verstanden wird. Weiterhin wird auf die Ursachen der Händigkeit eingegangen und erörtert, wann diese erkannt werden sollte, damit Ihr Kind sowohl seine feinmotorischen als auch grafomotorischen Fähigkeiten der dominanten Hand bis zum Schulbeginn weiter ausdifferenzieren kann. Dabei werden außerdem grundlegende Tipps vermittelt, die Ihr Kind dabei unterstützen können, seine Händigkeit festzulegen.

Die im Anschluss präsentierte Checkliste, die Hinweise und Anzeichen für Probleme mit der Grafomotorik gibt, hilft Ihnen als Eltern, zu überprüfen, ob Ihr Kind eventuell Defizite in diesem Bereich aufweist.

Im weiteren Verlauf werden zudem die grafomotorischen Bausteine zum Schuleintritt erörtert, wobei das Buch wichtige Informationen zur Feinmotorik, der Auge-Hand-Koordination, der Raumorientierung, der Serialität sowie zum Gedächtnis liefert. Anschließend folgen weitere Tipps und Tricks zur Förderung der Grafomotorik im Alltag.

Im sechsten Hauptkapitel dieses Buches folgt der erste praxisorientierte Teil, in dem die spielend leichte Förderung im Vordergrund steht. Dabei geht das Buch zunächst auf das Spiel als das natürlichste Verhalten des Kindes ein, bevor es fünf tolle Spielideen sowie drei tolle DIY-Ideen für Spielmaterialien vorstellt und abschließend überblicksartig weitere Tipps und Tricks liefert.

Nachfolgend befasst sich das Buch mit der Leseförderung als indirektes Förderungstool, greift dabei den Zusammenhang zwischen dem Lesen und dem Schreiben auf, thematisiert die Literalität bei Kindern und präsentiert eine wundervolle Übung zur Förderung von Kindern.

Im achten Hauptkapitel wird Basiswissen aus den ersten Kapiteln aufgegriffen und vertieft, wobei die Förderung der Grafomotorik im frühen Kindesalter im Zentrum steht. Im Zuge dessen finden sich wichtige Hintergrundinformationen zu den basalen Fähigkeiten und der allgemeinen Motorik als Grundlage wieder, bevor das Buch unterschiedliche Materialien zur Förderung der grafomotorischen Entwicklung vorstellt.

Das neunte und letzte Hauptkapitel stellt das Herzstück dieses Buches dar, in dem sich eine Vielzahl verschiedener Übungen und Aufgaben zur gezielten Förderung kindlicher Kompetenzen wiederfinden. Die einzelnen Materialien sind dabei in verschiedene Altersklassen von Kindergarten bis einschließlich vierte Klasse unterteilt und bieten alle entwicklungspädagogisch sinnvolles Fördermaterial. Aufgrund der verschiedenen Altersklassen und Schwierigkeitsgrade der jeweiligen Übungen eignet sich das vorliegende Buch damit sowohl für Kinder, die noch in den Kindergarten gehen, als auch für Kinder, die bereits die Schule besuchen.

Die umfassende Spiele- und Übungssammlung, die wertvollen Tipps und Tricks sowie wichtiges Hintergrundwissen zur Thematik bieten Ihrem Kind die Unterstützung, die es verdient und benötigt, um nicht nur in der Schule, sondern auch in seinem gesamten Leben erfolgreich zu sein. Viel Spaß beim Üben!

Grafomotorische Fähigkeiten

Grundlegende Fähigkeiten

Die Schreibkompetenz – eine Kompetenz mit vielen Facetten

Unter dem Begriff der **Schreibkompetenz** wird grundsätzlich die **Fähigkeit** verstanden, **lesbare, verständliche und vollständige Texte verfassen zu können**.

Beim Sprechen befinden sich Sprechende und Zuhörende in derselben Situation, wobei Sprechende auf die Situation sprachlich und/oder gestisch hinweisen können und die Umgebung nicht beschreiben müssen. Im Gegensatz dazu ist diese Verweismöglichkeit beim Schreiben nicht gegeben, sondern muss vielmehr durch die Sprache selbst geleistet werden. Unverständlichkeiten und Unklarheiten können beim schriftlichen Text nicht von den Lesenden erfragt werden, weshalb das geschriebene Wort in jedem Fall strukturierter und explizierter gestaltet sein muss als das gesprochene.

Sprachliche und soziale Fähigkeiten

Die Schreibkompetenz umfasst ein **Bündel an verschiedenen Fähigkeiten**, zu denen einerseits **zentrale sprachliche Fähigkeiten**, wie die Wahl eines angemessenen Sprachstils, das richtige Schreiben von Wörtern und Sätzen oder das Wissen über bestimmte Textsortenmuster, gehören. Andererseits inkludiert die Schreibkompetenz auch **soziale Fähigkeiten**, wie zum Beispiel das Einfühlungsvermögen oder die Fertigkeit, verschiedene Perspektiven einnehmen zu können, um Gedankengänge sprachlich so ausdrücken zu können, dass diese unabhängig von der eigenen Perspektive und der eigenen Situation verstanden werden können. Das setzt wiederum voraus, dass sich die Schreibenden in die Situation potentieller Lesender hineinversetzen und den Text durch ihre Augen lesen können.

Da das Geschriebene während des Schreibprozesses immer wieder überarbeitet, geplant oder neu begonnen werden kann, akzentuiert der Schreibprozess zusätzlich die Planung, die Ideenfindung, die Formulierung sowie die Überarbeitung. Während sich einige sprachliche und soziale Kompetenzen des Schreibens im fertigen Schreibprodukt erkennen lassen, sind diese zusätzlichen Prozesse im fertigen Produkt nicht mehr oder nur kaum sichtbar.

Aus diesem Grund ist es wichtig, dass das Augenmerk nicht nur auf dem fertigen Text liegt, sondern eben auch auf den Prozess beim Schreiben selbst gerichtet wird.

Kompetenz ‚Schreiben': Prozess und Produkt

Betrachtet man nämlich die Schreibkompetenz aus dieser Perspektive, lassen sich **zwei Teilbereiche** identifizieren. Während der erste Teilbereich die Kompetenzen umfasst, die im **Schreibprodukt** selbst zum Ausdruck kommen, meint der zweite Teilbereich die Kompetenzen, die auf den **Fähigkeiten des Schreibprozesses** aufbauen.

Grundsätzlich ist der Aufbau der einzelnen Komponenten nur dann möglich, wenn wir lernen, diese Prozesse eigenhändig zu steuern, zum Beispiel durch Überwachung und Beurteilung während des Schreibens. Dabei können die folgenden Fragen, vor allem für Kinder, die das Schreiben gerade erst lernen, besonders hilfreich sein:

- Habe ich die wichtigsten Dinge aufgeschrieben?
- Sind meine Sätze ausreichend verständlich formuliert?
- Ist der Satzbau korrekt?
- Habe ich die Regeln der Zeichensetzung richtig angewendet?

Selbsteinschätzung, Selbstbeurteilung und Perspektivwechsel

Das permanente Hinterfragen und Kontrollieren des eigenen Geschriebenen verlangt von Kindern immer wieder Selbsteinschätzungen ihrer eigenen Texte sowie die Steuerung der entsprechenden Prozesse beim Schreiben. Damit wird die **Selbstbeurteilung** also auch zu einem zentralen Teil des Schreibprozesses und kann dadurch ebenso als Aspekt einer umfassenden Schreibkompetenz verstanden werden.

Da die meisten Abläufe beim Schreiben selbst erlernt werden, ist es zumindest für die Schreibprozessfähigkeit der Schüler und Schülerinnen der ersten Schulklassen noch nicht sinnvoll, ihre Fähigkeiten durch fremde Beurteilungen zu steuern. Viel besser lässt sich der Aufbau dieser Fähigkeiten nämlich durch förderorientiertes Feedback, zum Beispiel in kooperativen Lernsituationen, unterstützen. Der Austausch mit Partnern (z. B. Freunden, Klassenkameraden, Lehrern, den Eltern) über die Ideen, Formulierungen und Überarbeitungen der eigenen Texte sollte dabei gezielt an entsprechenden Stellen während des Schreibens stattfinden, damit darüber hinaus auch Vorgehensweisen besprochen und bei Schwierigkeiten ausgeholfen werden kann. Außerdem bieten gemeinsame Gespräche über das Schreiben vielfältige Ansätze zur Selbstbeurteilung und sie helfen dabei, den eigenen Text durch die Augen eines anderen zu betrachten, womit der Perspektivwechsel unterstützt wird.

- Schreibkompetenzen, die im Schreibprodukt sichtbar werden:
- Strukturierung: Gliederung der Idee nach einer nachvollziehbaren Abfolge und Logik, Anwendung eines einheitlichen Textmusters (z. B. das einer Geschichte: Erzählverlauf, Erzählperspektive, Ereignisse, Abschluss etc.)
- Generierung von Inhalten: Entwicklung einer inhaltlichen Gesamtidee für den Text, kohärente Entfaltung und Ausarbeitung thematischer Einzelaspekte -> verleiht der Struktur des Textes Farbe (z. B. anschauliche und stimmige Darstellung von Personen, Handlungen und Orten)
- sprachliche Gestaltung: Anpassung von Wortwahl und Satzbau auf Textmuster, sprachlicher Ausdruck, Abstimmung und Gestaltung von Idee und Themenentfaltung
- korrektes Schreiben: formal korrektes Abfassen des Textes in Bezug auf Satzbau, Wortformen, Wortschreibung und Zeichensetzung
- Schreibkompetenzen des Schreibprozesses selbst:
- Ideenfindung bzw. Planung: Entwicklung von Gesamtziel und Schreibziel, vielfältige Ideenfindung und -auswahl, Erstellung eines Schreibplans, Anregungen durch Zeichnen oder Clustering (Netz aus Ideen; sehr individuell, da jeder eine andere Vorgehensweise präferiert) -> baut in der Regel die Schreibmotivation auf
- Entwurf bzw. Formulierung: Eintritt in den Schreibfluss, Eingliederung von Gedanken und Ideen in eine lineare Reihenfolge, Suche nach passenden Formulierungen
- inhaltliche Überarbeitung: Revision von Textstellen, Abschnitten oder des Gesamttextes bezüglich des Schreibziels oder der Vorgaben des Textmusters (inhaltliche Ausrichtung) -> Anspruch des Perspektivwechsels (in die Position der Lesenden hineinversetzen)
- sprachformale Überarbeitung: Lesen und Verbesserung des Textes bezüglich der Wortformen und Wortschreibung, des Satzbaus sowie der Zeichensetzung

Natürlich läuft die Abfolge der Schritte nicht immer so linear ab, wie sie an dieser Stelle dargestellt wurde. Oft werden einzelne Überarbeitungsschritte vorgezogen, woraus neue Ideen und damit auch eine weitere Ideenfindungsphase resultiert. Nichtsdestotrotz kann diese Einteilung dabei helfen, den Prozess des Schreibens zu gliedern, für Kinder greifbarer zu machen, diesen differenzierter wahrzunehmen und somit auch einzelne Teilkompetenzen gezielt zu fördern.

Voraussetzung für das Schreiben: fein- und grafomotorische Fähigkeiten

Oftmals zeigt sich beim Wechsel in die Grundschule, dass einige Kinder bereits ihren eigenen Namen und den einiger Familienmitglieder schreiben können. Im Gegensatz dazu gibt es auch Kinder, denen es schwerfällt, überhaupt die einzelnen Buchstaben des Alphabets zu nennen. Voraussetzung für den Schreibprozess sind wichtige **fein- und grafomotorische Fähigkeiten**, auf die Kinder angewiesen sind und die im Idealfall schon im Vorschulalter ausgebildet werden sollten. Was man dabei eigentlich unter den Begriffen der *Feinmotorik* und der *Grafomotorik* versteht, wird in den anknüpfenden Kapiteln erläutert.

Auf einen Blick:

Schreibkompetenz

- Fähigkeit, lesbare, verständliche und vollständige Texte verfassen zu können
- umfasst Bündel an verschiedenen Fähigkeiten:
  - zentrale sprachliche Fähigkeiten, z. B. Wahl eines angemessenen Sprachstils, richtiges Schreiben von Wörtern und Sätzen, Wissen über bestimmte Textsortenmuster
  - soziale Fähigkeiten, z. B. Einfühlungsvermögen, Einnahme verschiedener Perspektiven
- zwei Teilbereiche:
  - Schreibkompetenzen, die im Schreib*produkt* sichtbar werden: Strukturierung, Inhaltsgenerierung, sprachliche Gestaltung, korrektes Schreiben
  - Schreibkompetenzen des Schreib*prozesses* selbst: Ideenfindung, Entwurf, inhaltliche Überarbeitung, sprachformale Überarbeitung
- Aufbau der Schreibkompetenz durch förderorientiertes Feedback, Austausch mit Partnern, Besprechung der Vorgehensweise, Hilfe bei Schwierigkeiten, gemeinsame Gespräche, Perspektivwechsel

Die Feinmotorik

Unter dem Terminus der **Feinmotorik** wird das **zielgerichtete und koordinative Zusammenspiel kleiner Muskelgruppen** in der Hand, dem Handgelenk, den Fingern, dem Gesicht sowie den Zehen verstanden.

Während die Grobmotorik eher die gesamte körperliche Bewegung und die Koordination zusammenfasst (z. B. Springen, Laufen oder Krabbeln), geht es bei der Feinmotorik vielmehr um **differenzierte und komplizierte Bewegungsabläufe von kleineren Muskelgruppen**. Die Fertigkeiten der Feinmotorik umfassen demnach die

- **Fingerfertigkeit** (z. B. Malen, Schreiben, Haarflechten),
- **Zungen- und Mundbewegungen** (z. B. Steuerung der Sprechmuskulatur),
- **Zehenbewegungen** (z. B. bei Bewegungen) und
- die **Mimik der Gesichtsmuskulatur** (z. B. Grimassen ziehen).

Grundsätzlich eignen sich Kinder im Baby- und Kleinkindalter zunächst grobmotorische Fähigkeiten an, weshalb die **Grobmotorik die Grundlage** für die Entwicklung und Ausbildung feinmotorischer Fähigkeiten legt. Mit zunehmendem Alter werden die Bewegungsabläufe der Feinmotorik für Kinder dann immer interessanter. Spätestens mit Schulbeginn werden so einige feinmotorische Tätigkeiten von ihnen erwartet und abverlangt. Wenn die Feinmotorik bis dato jedoch nur unzureichend trainiert und geschult wurde, sind Probleme beim Schreiben, Sprechen und Zeichnen wahrscheinlich. Doch auch Probleme in der Mimik und Gestik, beim Essen mit Besteck oder dem selbstständigen Anziehen können Folgen mangelhaft ausgebildeter feinmotorischer Fähigkeiten sein.

Der altersgemäßen Entwicklung des feinmotorischen Entwicklungsstandes kommt beim Heranwachsen eine zentrale Bedeutung zu, da sich dieser auch auf weitere Bereiche der Entwicklung auswirkt. Ein Kind, dessen Feinmotorik nicht altersgemäß ausgeprägt ist, hat Schwierigkeiten, den Inhalten und Anforderungen des Unterrichts zu folgen, da es das Kind wesentlich mehr Mühe kostet und es viel langsamer schreiben lernt als seine Klassenkameraden. Die Differenzen in den feinmotorischen Fähigkeiten können daraufhin zur seelischen Belastungsprobe werden und mit emotionalen Problemen einhergehen. Im Gegensatz dazu können Kinder, deren Feinmotorik normal entwickelt ist, ein positiveres und gesünderes Selbstbild haben.

Je älter Ihr Kind wird, umso geschickter und sicherer wird es in der Regel bei der Ausführung fein- und grobmotorischer Fähigkeiten. Und natürlich können Sie die Feinmotorik Ihres Kindes nicht nur durch gezieltes Übungsmaterial, sondern auch durch Spiel, Spaß, Aktivität und Abenteuer seinem Entwicklungsstand entsprechend fördern (Kapitel „Gezieltes Fördermaterial"). Wichtig ist jedoch, dass Sie dabei nicht versuchen, Ihr Kind zu überfordern. Jedes Kind ist anders und lernt in seinem eigenen Tempo. Meilensteine in der Entwicklung sind zwar gute Vergleichspunkte, sollten aber lediglich als grobe Orientierung dienen.

Auf einen Blick:

Feinmotorik

- Fähigkeit, gezielte, komplexe und differenzierte Bewegungsabläufe kleinerer Muskelgruppen auszuführen
- umfasst folgende Bereiche: Fingerfertigkeiten, Zungen- und Mundbewegungen, Zehenbewegungen sowie die Mimik der Gesichtsmuskulatur
- Grobmotorik als Grundlage der Feinmotorik
- Kinder erlernen feinmotorische Fähigkeiten auf spielerische Art und Weise im Laufe ihrer Entwicklung

Die Grafomotorik

Die Grafomotorik umfasst sämtliche Prozesse, bei denen graphische Formen und Zeichen, zum Beispiel Bilder oder die Schrift, mit Hilfe von Schreibutensilien differenziert und rhythmisch produziert werden. Dabei umfasst die Grafomotorik nicht nur die Haltetechnik des Mal- oder Schreibutensils, sondern auch die Technik, mit der die eigene Hand geführt wird.

Grundsätzlich ist die Grafomotorik ein **Teil der Feinmotorik**, wodurch die Feinmotorik als **Voraussetzung der Grafomotorik** gilt, da Kinder Stifte erst dann gezielt einsetzen können, wenn sie diese auch halten können. Außerdem **berücksichtigt** die Grafomotorik bei der menschlichen Schreibbewegung **alle beteiligten Komponenten** – wie Rhythmus, Bewegungsabläufe sowie koordinative und psychomotorische Ausführungen – und ermöglicht es uns damit, jegliche Schreibgeräte mit unserer Hand zu halten und zu führen sowie unseren Gedanken schriftlichen Ausdruck zu verleihen. Darüber hinaus wird auch unser **Erinnerungsvermögen** durch unsere grafomotorischen Fähig- und Fertigkeiten gefördert. Die Grafomotorik ist also keine simple Tätigkeit oder gar das bloße Kopieren willkürlicher graphischer Zeichen, sondern vielmehr ein **hochkomplexer psychomotorischer Prozess**, der von uns Menschen im Laufe unseres Lebens erlernt werden muss.

18 bis 24 Monate

Kinder unternehmen im Alter von 18 bis 24 Monaten die ersten bewussten Versuche, Zeichen auf Papier zu hinterlassen. Bevor sie jedoch zum ersten Mal einen Stift in die Hand nehmen, werden sie vermutlich versuchen, mit einem Löffel oder ihren Fingern in der Soße zu malen. Buntstifte werden mit der gesamten Hand festgehalten und erste Gedankenfetzen in Form von Kritzeleien und einzelnen Linien werden aufs Papier gebracht.

2 bis 3 Jahre

Im Alter von zwei bis drei Jahren werden die einzelnen Bewegungen dann zunehmend koordinierter. Die Seiten in einem Buch werden nicht mehr gleichzeitig, sondern einzeln geblättert. Buntstifte werden im

- Drei-Punkt-Griff (Halten des Stifts mit Daumen, Zeige- und Mittelfinger) stabilisiert

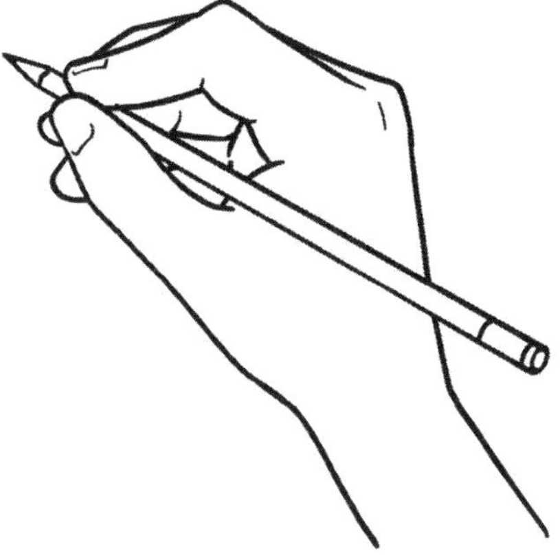

oder

- im Vier-Punkt-Griff (Halten des Stifts mit Daumen, Zeige- und Mittelfinger und Ringfingerkuppe) gehalten.

Damit werden horizontale und vertikale Linien sowie eckige und runde Muster gemalt. Mit zwei Jahren kristallisiert sich außerdem immer deutlicher heraus, welche Hand als Arbeitshand und welche als Haltehand präferiert wird.

3 bis 4 ½ Jahre

Mit drei bis viereinhalb Jahren ist die kindliche Linienzeichnung dann bereits viel fließender und Kinder beginnen zum ersten Mal, richtig zu malen.

4 ½ bis 5 Jahre

Im Alter von viereinhalb bis fünf Jahren werden die Kunstwerke dann immer erkennbarer und erste detaillierte Figuren spiegeln sich auf dem Papier wider. Der Drei-Punkt-Griff verfestigt sich, wohingegen falsche Grifftechniken unbedingt korrigiert werden sollten, damit der richtige Griff zum Zeitpunkt des Schulbeginns dann bereits fixiert ist. Kinder sind zunehmend mehr in der Lage, den Stift mit einer gleichmäßigen Druckdosierung auf Daumen, Zeige- und Mittelfinger zu halten. Einige Kinder können sogar schon ihren eigenen Namen in Großbuchstaben schreiben, Flächen ausmalen, Linien nachmalen und Dreiecke zeichnen. Parallel dazu werden auch die feinmotorischen Bewegungen der Kinder immer präziser.

Ab 6 Jahren

Ab sechs Jahren bildet sich dann sukzessiv eine flüssigere Bewegung beim Schreiben heraus, sodass das individuelle Schriftbild jedes Kindes nach und nach ausgeprägter wird.

Die Bedeutung einer gut entwickelten Grafomotorik zeigt sich spätestens nach der Einschulung, da eine gut ausgebildete Grafomotorik für eine uneingeschränkte Entwicklung eines sicheren Ausdrucks in der Schriftsprache sorgt. Die Kinder lernen nun Lesen und Schreiben und müssen infolgedessen auch mit einem Stift in der Hand umgehen können. Das Schreiben mag dabei für die meisten Erwachsenen zwar vollkommen normal sein und routiniert ausgeführt werden, jedoch verlangt der Lernprozess von Kindern eine ganze Menge Geduld und Geschicklichkeit ab. Denn beim Schreiben müssen Kinder nicht nur die richtige Stifthaltung beachten und den Druck regulieren, den sie mit ihrem Stift auf das Papier ausüben, sondern auch ihre jeweiligen Armmuskeln entsprechend einsetzen, über eine gute Rumpfstabilität verfügen und beim Schreiben ruhig und aufrecht sitzen.

Damit der Schreibprozess so reibungslos wie möglich ablaufen kann, sollten Kinder schon vor Schulbeginn über eine gut ausgeprägte Feinmotorik verfügen und damit das Fundament für die Grafomotorik legen, die im Laufe der Zeit immer wieder verbessert werden kann.

In der Regel lieben Kinder das Malen und greifen dabei schon ganz automatisch zu den verschiedensten Stiften. Leider entwickelt sich aus ihren ersten künstlerischen Bildern nicht immer eine gute und ausgeprägte Grafomotorik.

Damit die grafomotorischen Fähigkeiten von Kindern trotzdem geschult und gefördert werden können, sollten sich Eltern der grafomotorischen Entwicklung ihrer Kinder bewusst sein und ihnen schon früh die Möglichkeit bieten, ihre Fingerfertigkeiten durch Übungen und Herausforderungen (Kapitel „Gezieltes Fördermaterial“) zu entwickeln, zu trainieren und zu verbessern. Dabei sollten insbesondere wichtige Kompetenzen der Grafomotorik vermittelt werden, zu denen etwa

- die Beweglichkeit von Fingern, Schulter- und Armgelenken,
- der gesteuerte und gezielte Einsatz unterschiedlicher Muskeln (vor allem der Handmuskulatur),
- die Auge-Hand-Koordination sowie
- die Ausbildung der dominierenden Hand

gehören.

Genau wie bei den Aufgaben der Feinmotorik gilt auch hier, dass Spaß und Freude im Vordergrund stehen sollten, denn Kinder lassen sich in der Regel leicht für etwas begeistern, das sie noch nicht können – vor allem dann, wenn das Lernen mit jeder Menge Spaß verbunden ist.

Auf einen Blick:
Grafomotorik

- Fähigkeit, grafische Formen und Zeichen mit Hilfe von Schreibutensilien aufzuzeichnen und unseren Gedanken Ausdruck zu verleihen
- umfasst Haltetechnik des Mal- oder Schreibutensils sowie die individuelle Handführungstechnik
- spezieller Aspekt und Voraussetzung der Feinmotorik
- hochkomplexer psychomotorischer Prozess, der erlernt werden muss

Die Schreibmotorik

Die **Schreibmotorik** knüpft unmittelbar an die Grafomotorik an (deren Voraussetzung eine gut ausgeprägte Feinmotorik ist), da sie den **bestmöglichen Bewegungsablauf beim Schreiben** in den Vordergrund rückt und als **Summe aller Bewegungsabläufe**, die für das händische Schreiben vonnöten sind, definiert wird (zur Wiederholung: Die Grafomotorik ist hierbei die Fähigkeit, grafische Formen und Zeichen mit Hilfe von Schreibutensilien aufzuzeichnen). Demnach erforscht die Schreibmotorik, *auf welche Art und Weise* wir **grafische Zeichen** mit **der Hand** bewegungsgünstig niederschreiben und auf welchem Weg wir **ökonomisches Schreiben** am besten erlernen können. Damit wird bei der Schreibmotorik auch der mit dem Schreiben einhergehende motorische Prozess hervorgehoben.

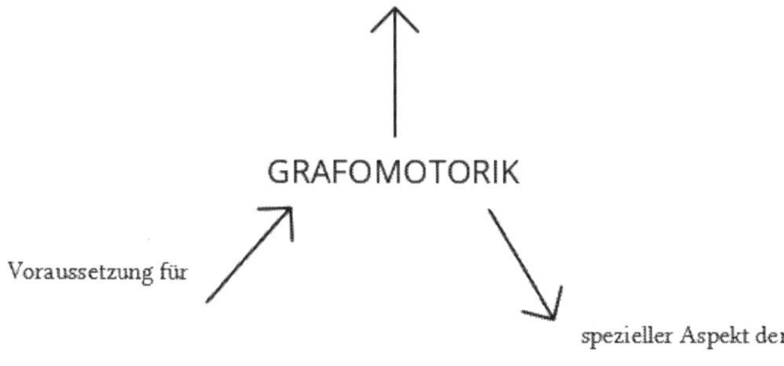

Grundsätzlich basiert der dynamische und komplexe Bewegungsablauf der Schreibmotorik auf im Vorfeld erlernten Bewegungen, da wir die großen Bewegungen unseres Körpers (die grobmotorischen Bewegungen) beim Schreiben im Kleinen ausführen (z. B. von der Bewegung des gesamten Armes zur

Bewegung der Finger). Damit wir auf feinmotorischer Ebene also etwas leisten können, müssen wir die Bewegungen erst einmal grobmotorisch verinnerlichen, wobei die meisten Prozesse nach dem Erlernen in der Regel automatisch ablaufen. Dafür werden allumfassende Bewegungsmuster, die im Gehirn abgespeichert sind, abgerufen, wodurch eine flüssige Handschrift verwirklicht wird. Hierbei spielen verschiedene Komponenten, wie

- ein niedriger Druck,
- ein gleichmäßiger Rhythmus oder
- eine hohe Geschwindigkeit beim Schreiben,

eine wichtige Rolle.

Dadurch kann der Einsatz des gewählten Schreibutensils effizient und gleichzeitig ökonomisch gestaltet werden. Außerdem lernen Kinder mit der Zeit somit, motorische Abläufe zunehmend unbewusster auszuführen, sodass sie sich auf die Inhalte ihrer Texte immer besser konzentrieren können.

Während Kinder mit einer gut trainierten Schreibmotorik häufig zum Stift greifen, um zu malen oder zu schreiben, fällt es anderen Kindern relativ schwer, kleine Kunstwerke mit Stift oder Pinsel zu zeichnen. Den Schwierigkeiten, die beim Schreiben auftreten können, können dabei viele Ursachen zugrunde liegen.

Ursachen für Schwierigkeiten beim Schreiben

Einerseits kann eine ungünstige Stifthaltung natürlich dazu führen, dass Kinder entweder zu wenig oder aber auch zu viel Druck auf die einzelnen Glieder ihrer Finger ausüben und in der Folge Verkrampfungen in der Handmuskulatur auftreten. Andererseits sind jedoch auch Müdigkeit oder Rückenbeschwerden als Folge einer verspannten Schreib- oder Sitzhaltung sowie eine falsche Heftlage mögliche Gründe für Schreibschwierigkeiten. Viele Kinder leiden zudem unter einer nicht gefestigten Stifthaltung infolge einer Muskelhypotonie (Mangel an Muskelspannung und Muskelstärke) oder unter eingeschränkten Augenfunktionen (z. B. Augenfolgebewegung oder Fixierung). Auch eine nicht erkannte Linkshändigkeit sowie nicht automatisierte oder nur unzureichende Bewegungsabläufe der Finger- und Unterarmmotorik können auf Schwierigkeiten beim Schreiben hindeuten. Weitere Anzeichen und Auffälligkeiten sind zudem eine verlangsamte Schreibgeschwindigkeit sowie Ecken in Buchstaben, die eigentlich rund sein sollten. Außerdem führen auch negative Erfahrungen, die wiederholt auftreten, dazu, dass Kinder immer häufiger Vermeidungsverhalten zeigen, das sogar in einem totalen Motivationsverlust münden kann.

Immer wieder beobachten Lehrkräfte, dass sich die Schreibmotorik ihrer Schüler zunehmend verschlechtert. Grund dafür ist neben der fehlenden Übung sicherlich die mangelnde Ausprägung feinmotorischer Fähigkeiten im

Kindesalter, worunter nicht nur die Lehrenden beim Entziffern der Texte leiden, sondern in erster Linie auch die Schüler selbst. Denn zum einen fällt es ihnen wesentlich schwerer, für längere Zeit und ohne Beschwerden mit einer Hand zu schreiben, da es oftmals zu einer verkrampften Schreibhand kommt. Zum anderen führt eine mangelhafte Fein- und Schreibmotorik dazu, dass sich die Schüler länger auf die Formbildung einzelner Buchstaben konzentrieren müssen und dadurch freie Kapazitäten für Grammatik und Rechtschreibung entfallen.

Im Vorschulalter äußern sich Auffälligkeiten und Ursachen für Schwierigkeiten beim Schreiben in einer Malunlust und diese kommen häufig durch wenig gute Ergebnisse beim Basteln und beim Schneiden zum Ausdruck. Weiterhin lässt sich beobachten, dass Kinder mit Defiziten beim Schreiben die feinmotorischen Bewegungsanforderungen meiden, den Stift im Klammergriff halten und die Stifthaltung ständig verändern.

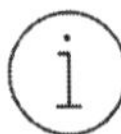

Probleme beim Schreiben lassen sich in den meisten Fällen auf Probleme der Schreibmotorik zurückführen. Aus diesem Grund sollte der Schreibmotorik bereits von Anfang an mehr Aufmerksamkeit geschenkt werden. Welche Übungen sich dafür besonders gut eignen, erfahren Sie im Kapitel „Gezieltes Fördermaterial".

Auf einen Blick:
Schreibmotorik

- Summe aller für das Schreiben notwendigen Bewegungsabläufe
- Fokus liegt auf dem günstigsten und ökonomischsten Bewegungsablauf beim Schreiben
- Schreibmotorik knüpft an Grafomotorik an
- dynamischer und komplexer Bewegungsablauf, der auf vorher erlernten Bewegungen basiert
- gute Ausprägung feinmotorischer Fähigkeiten als Voraussetzung

Lese- und Schreiberwerb als komplexer Prozess

Das Stufenmodell nach Scheerer-Neumann

Um den Schriftspracherwerb zu veranschaulichen und vollständig verstehen zu können, wurden Phasen-, Entwicklungs- und Stufenmodelle zum Erwerb der Schreib- und Lesefähigkeit erstellt, wobei das **Stufenmodell nach Scheerer-Neumann** ein **Lern- und Entwicklungsmodell** in einem ist. Trotz der anschaulichen Darstellung ist der Schriftspracherwerb trotzdem **ein interagierender Prozess**, der keinerlei festgelegtem Ablaufschema folgt, sondern immer auch durch die individuellen Fähigkeiten jedes Kindes beeinflusst wird.

Grundsätzlich geht das Stufenmodell nach Scheerer-Neumann auf das Phasenmodell von Uta Frith zurück, wobei Scheerer-Neumann in **vier übergeordneten Entwicklungsstufen** den Weg zum Lese- und Schreiberwerb beschreibt.

1. Stufe: Die präliteral-symbolische Phase

In der ersten Phase des Schriftspracherwerbs entdecken Kinder die **grundlegenden Funktionen der Schriftsprache**, die sie immer wieder ausprobieren. Ihre ersten Versuche drücken sie dabei darin aus, dass sie so tun, als ob sie schreiben oder lesen würden. Gezeichnete Wellenlinien auf einem Blatt Papier repräsentieren dabei die ersten Schreibversuche und neugierige Blicke in ein Buch, denen eine kurze, erzählte Geschichte folgt, simulieren erste Leseaktivitäten. In der Regel haben die meisten Kinder die präliteral-symbolische Phase bis zum Eintritt in die Schule beendet.

2. Stufe: Die logographemische Strategie

Im Vorschulalter und zum Schulanfang beginnt der Einstieg in das Lesenlernen bei den meisten Kindern mit einer besonderen Form der **direkten Wortlesung**. Sie können Wörter einerseits aufgrund von distinktiven visuellen Merkmalen erkennen und benennen, zum Beispiel ist das Wort „Mami" das Wort mit dem Punkt. Andererseits gelingt es ihnen auch, Anfangs- oder Endbuchstaben von Wörtern oder auffällige Gruppen von Buchstaben zu registrieren (*zz* im Wort *Pizza*). Auf der logographemischen Stufe lernen Kinder, dass **Wörter Symbole mit einer Bedeutung** sind. Obwohl noch kein großer Schreib- und Lesewortschatz vorhanden ist, kann das logographemische Lesen als ein **Baustein für den zukünftigen Schriftspracherwerb** angesehen werden.

Auf logographemischer Stufe erfolgt das Schreiben entweder über das **Nachmalen** oder aber dadurch, dass Kinder die Buchstabenformen und ihre jeweilige Reihenfolge im Wort **auswendig lernen**. Dadurch können sie nur die Wörter richtig lesen oder schreiben, deren Buchstaben oder Merkmale sie **bereits zuvor gelernt** haben. Es gibt jedoch auch einige Vorschulkinder, die schon Lautwerte einiger Grapheme kennen, diese beim Lesen anwenden und damit eine Übergangsstrategie bzw. eine **Brücke zur nächsten Stufe** schaffen.

3. Stufe: Die alphabetische Strategie

Das **lautbezogene Schreiben und Lesen alphabetischer Schriften** wird in der Literatur entweder als alphabetische Strategie oder phonologisches/phonemisches oder phonographisches Schreiben und Lesen bezeichnet. Mit dem Beginn der ersten Klasse treten Kinder in diese Stufe ein. Das **alphabetische Prinzip** hat sich in ihren Köpfen entweder **spontan** oder **infolge von Instruktionen** verfestigt und es gelingt ihnen, dieses Prinzip kleinschrittig anzuwenden. Doch nicht nur Grapheme (kleinste bedeutungsunterscheidende Einheiten) und Phoneme (kleinste bedeutungsunterscheidende sprachliche Einheiten) sind bei der alphabetischen Strategie von zentraler Bedeutung, sondern auch Silben. Denn während wir lesen, bestimmen Silben, welche Phoneme synthetisiert werden müssen, und beim Schreiben können wir uns darauf verlassen, dass die Silbengliederung die jeweiligen Einheiten für die anknüpfende Analyse der Phoneme vorgibt.

Alphabetisches Schreiben und Lesen setzen metaphonologische, vor allem jedoch phonemanalytische Kompetenzen voraus, die bei vielen Kindern weder im Vorschulalter noch zu Schulbeginn stark ausgeprägt sind. Infolge dieser Einschränkung zeigen Kinder beim Schreiben zu Beginn noch relativ unvollständige Annäherungen an verschiedene Wortformen (KOK oder KODIL für Krokodil, Foia für Feuer).

Grundsätzlich lässt sich die alphabetische Phase nochmals in drei verschiedene**, prozessbezogene Unterstufen** gliedern. Der Zeitraum vom Eintritt in die erste Klasse bis Weihnachten wird als *beginnende* alphabetische Strategie bezeichnet. Obwohl der Erwerb von Lernwörtern für die Kinder immer noch mit viel Mühe verbunden ist, sind sie bereits in der Lage, einzelne Laute zu verschriften und die konsonantische Skelettschreibung (Bl statt Ball) anzuwenden. In der Zeit von Weihnachten bis zum Ende des Schuljahres entfaltet sich die alphabetische Strategie dann *zunehmend*. Der Erwerb von Lernwörtern fällt den Schülern, aufgrund der phonemisch gestützten Speicherung, immer leichter. Sie können mehr Laute verschriften und nutzen viele Auslassungen bei langen Wörtern oder Anhäufungen mehrerer Konsonanten (Bume statt Blume).

Ab der zweiten Hälfte des ersten Schuljahres ist die alphabetische Strategie dann *vollständig* entfaltet, wodurch den Kindern der Erwerb von Lernwörtern erneut leichter fällt. Sie können Phoneme weitgehend vollständig wiedergeben (Bume wird zu Blume) und Silbenstrukturen während des Schreibens nutzen. Trotzdem finden sich bei komplexeren phonologischen Wörtern manchmal noch einige Auslassungen und Umstellungen wieder.

Da die meisten Kinder sowohl die präliteral-symbolische als auch die logographemische Phase vor dem Schuleintritt entweder erreicht oder bereits abgeschlossen haben, setzen Lehrkräfte beim **Schriftspracherwerb** in der Schule meist bei der alphabetischen Phase an, die somit die nötige **Voraussetzung** für das orthografisch korrekte Schreiben legt.

4. Stufe: Die orthografische Strategie

Die orthografische Stufe erfolgt **oftmals parallel** zur alphabetischen Stufe. Lernwörter mit einfachen Strukturen sind für die Kinder nun umso leichter zu erwerben, je mehr Einblicke sie in orthografische Strukturen bekommen. Im Gegensatz dazu müssen sie sich **unbekannte** orthografische Strukturen jedoch bewusst einprägen. Mit der Zeit wird ihr Wortschatz immer größer und neben einfache Lernwörter reihen sich nun auch fachbezogene und seltenere Wörter sowie Fremdwörter ein.

Auf der orthografischen Stufe

- verbessern Kinder ihre Fähigkeiten bei satzbezogenen Schreibungen sowie ihre Interpunktion,
- erweitern sie ihre Kenntnisse bei der Groß- und Kleinschreibung,
- berücksichtigen sie die Auslautverhärtung beim Schreiben und
- können sie Wörter besser getrennt bzw. zusammenschreiben sowie
- Vokale silbisch einbetten.

Jedoch werden hierbei auch einige orthografische Elemente inkorrekt verwendet, wodurch oftmals Übergeneralisierungen (z. B. sie kahm) auftreten. In der Summe wird das Schreiben immer automatisierter und den Kindern fällt es immer leichter, Lernwörter auf direktem Weg abzurufen, anstatt auf Instruktionen zu orthografischem Strukturwissen (auf indirektem Weg) angewiesen zu sein (Rola wird zu Roler, Roler wird zu Roller).

In ihrer weiteren Entwicklung können Kinder Lernwörter dann ganz automatisiert abrufen und auf die in der Vergangenheit erlernte alphabetische Strategie sowie die orthografischen Regeln zurückgreifen. Ihr Wortschatz füllt sich mit weiteren Lernwörtern, zu denen Fremdwörter sowie fachbezogene Begriffe hinzukommen. Wie schnell ein Kind die einzelnen Stufen bis zur vollständigen Entwicklung des Lese- und Lernerwerbs dabei durchläuft, ist einerseits jedoch vom Kind selbst sowie seiner Umwelt abhängig und andererseits von dem Alter bei Schreibbeginn sowie dem Niveau der phonologischen Bewusstheit (Erkennen einer Lautstruktur in der gesprochenen Sprache, z. B. eine Silbe oder ein einzelner Laut), welches das Kind bereits erreicht hat.

Als phonologische Bewusstheit wird dabei die Fähigkeit verstanden, sich, unabhängig von Bedeutung oder Inhalt des Gesagten, einerseits auf die formallautlichen Aspekte der Sprache zu fokussieren und sich andererseits darüber bewusst zu sein, dass sich gesprochene Sprache in kleinere Einheiten zerlegen lässt, dass mit diesen operiert werden kann und diese anschließend zu größeren und wesentlich komplexeren Einheiten verknüpft werden können. Demnach sind die einzelnen Stufen nicht in sich abgeschlossen, sondern lediglich dominierende Phasen einer Strategie, die zur selben Zeit weitere Prozesse zulassen. Die Stufen geben Lehrkräften und Elternteilen dabei

Einblicke in die Strategien, die von den Kindern bei der Beschäftigung mit Buchstaben und Lauten durchlaufen werden. Hierbei werden die verschiedenen Lese- und Schreibstrategien der einzelnen Stufen zwar zunehmend differenzierter und gehen ineinander über, enden jedoch keineswegs abrupt, sondern sind für die Kinder weiterhin verfügbar.

Die **Sprach- und Schriftentwicklung** eines Kindes **ist kein isolierter Vorgang**, sondern vielmehr **Bestandteil einer allumfassenden Gesamtentwicklung**, die von der wechselseitigen Beeinflussung kognitiver, sprachlicher, motorischer, sensorischer sowie sozial-emotionaler Funktionsbereiche gekennzeichnet ist. Aus diesem Grund sollte der Schriftspracherwerb, der durch einen ineinandergreifenden Erkenntnisgewinn charakterisiert wird, sowohl als Lern- als auch als Entwicklungsprozess verstanden werden, der in qualitativ und zeitlich verschiedenen Stufen verläuft und schon lange vor Schulanfang beginnt. Für den Erwerb von Lese- und Schreibfähigkeiten sind dabei nicht nur Komponenten wie Gedächtnisfaktoren oder die auditive sowie die visuelle Wahrnehmung notwendig, sondern insbesondere auch Kenntnisse der alphabetischen Sprache sowie ein phonologisches Bewusstsein.

Auf einen Blick:
Die Phasen des Schriftspracherwerbs

Präliteral-symbolische Phase

- Entdeckung grundsätzlicher Funktionen der Schriftsprache: So-tun-als-ob-Lesen und So-tun-als-ob-Schreiben

Logographemische Strategie

- Einblick in die schriftliche Symbolhaftigkeit
- direkte Wortlesung: Schreiben weniger Wörter und einzelner Buchstaben (durch Nachmalen oder Auswendiglernen)
- Registrierung auffälliger Buchstabengruppen sowie Anfangs- und Endbuchstaben ganzer Wörter
- vereinzeltes Erkennen und Anwenden von Lautwerten einiger Grapheme -> Brücke zur nächsten Strategie

Alphabetische Strategie

- Einblick in Relation zwischen Schrift und Laut
- lautbezogenes Schreiben und Lesen
- viele Auslassungen langer Wörter und Konsonantenanhäufungen
- kleinschrittige Verschriftung von einzelnen Lauten nimmt zu
- anfängliche unvollständige Annäherung an verschiedene Wortformen verbessert sich
- Erwerb von Lernwörtern wird immer leichter
- oft Ansatzpunkt für den Schriftspracherwerb in der Grundschule

Orthografische Strategie

- Berücksichtigung orthografischer Regeln
- Erkennen von Regelhaftigkeit der Schriftsprache
- Erwerb von Lernwörtern nimmt weiterhin zu
- bewusstes Einprägen unbekannter orthografischer Strukturen
- Zunahme des Wortschatzes inklusive fachbezogener, seltenerer und fremder Wörter
- Verbesserung bei satzbezogenen Schreibungen, Interpunktion, Groß- und Kleinschreibung, silbischer Einbettung, Auslautverhärtungen und Worttrennungen
- Übergeneralisierungen, inkorrekte Verwendung orthografischer Elemente
- Automatisierung des Schreibens und leichtes direktes Abrufen von Lernwörtern

GRAFOMOTORIK & SCHULISCHER ERFOLG

Einige Eltern glauben, dass Kinder zuerst lesen und dann schreiben lernen – und zwar erst dann, wenn sie in die Schule kommen. Dabei erwerben Kinder schon lange vor Schulbeginn zahlreiche schriftliche und sprachliche Kompetenzen und verfassen zum Beispiel liebevolle Kritzelbriefe, in denen jede kleine Zeichnung seine eigene Bedeutung hat. Diese kindlichen Kritzeleien sind der Ursprung des Schreibenlernens. Im Gegensatz dazu beginnt das Lesenlernen damit, dass Kinder Wörter auf kreative Art und Weise nachahmen. Aus den ersten Kritzeleien erfinden Kinder dann ganze Geschichten oder erklären anderen die Bedeutung hinter jedem einzelnen Zeichen, wodurch sie nicht nur ihre sprachlichen Kompetenzen erweitern, sondern auch andere Erkenntnisse über figurative Merkmale erwerben, die mit den Symbolen und Buchstaben sukzessiv übereinstimmen. Die meisten Kinder bilden ihre individuellen grafomotorischen Fähigkeiten daraufhin im Vorschulalter aus und festigen diese später im Rahmen vieler Unterrichtseinheiten. Es gibt jedoch auch einige Kinder, die Schwierigkeiten mit der Entwicklung ihrer Grafomotorik haben. Ungenügende Kraftdosierung, auffällige Stift- und Sitzhaltungen oder ein verlangsamtes Abschreibtempo sind, wie bereits erwähnt, nur einige Anzeichen für unzureichend entwickelte grafomotorische Fähigkeiten.

Schwierigkeiten und Probleme in diesem Bereich wirken sich im Laufe des Lebens nicht nur auf den Alltag der Kinder aus und schmälern ihren schulischen Erfolg, sondern drücken sich oftmals auch in Form von Motivationsverlust, Desinteresse und Frustration aus. Außerdem können sich, wie schon angedeutet, die Schwierigkeiten natürlich auch auf das eigene Selbstvertrauen sowie die akademische Laufbahn negativ auswirken, was zur Entwicklung eines negativen Fähigkeitskonzepts führen kann. Weiterhin laufen betroffene Kinder Gefahr, eine schlecht automatisierte Handschrift zu entwickeln oder das Schreiben sogar weitestgehend zu meiden, wodurch der Rückstand zu anderen natürlich noch größer werden könnte.

Damit Kinder die Schule gerne besuchen und viel Freude am Lernen haben, benötigen sie immer wieder schulische Erfolgserlebnisse. Dabei bringt vor allem das Schreiben eine Menge Potential mit, da es den Kindern ermöglicht, ihre eigenen Gedanken und Worte zu Papier zu bringen. Die Handschrift der Kinder mag zu Beginn zwar noch wackelig und ungelenkig aussehen, sollte sich im Laufe der Zeit und mit viel Übung aber von alleine verbessern, sodass Kinder lernen, leserlich zu schreiben.

Damit Kinder sämtliche grafomotorischen Fähigkeiten uneingeschränkt entwickeln können, ist es jedoch unglaublich wichtig, dass Eltern schon während der Zeit im Kindergarten auf die Grafomotorik ihrer kleinen Lieblinge achten und beobachten, ob sich die Fähigkeiten ihres Nachwuchses zum Schrift- und Spracherwerb im vollen Umfang entwickeln. Darüber hinaus gibt es aber noch weitere Tipps und Tricks, die bei der Förderung der grafomotorischen Fähigkeiten helfen können.

Tipps

- Unterstützung der feinmotorischen Entwicklung des Kindes durch beispielsweise Puzzeln, Basteln, Kneten, Schneiden oder Fädeln
- gemeinsames Malen
- Ermutigung zum Basteln
- Greifspielzeug
- Üben des Essens mit Besteck
- regelmäßige Geschicklichkeitsspiele, die die Hand- und Fingerkoordination erfordern
- Zeit auf dem Spielplatz verbringen: Spielen im Sand und Klettern dienen zur Förderung der motorischen Entwicklung
- Demonstration richtiger Hand- und Körperhaltung beim Schreiben sowie der richtigen Stifthaltung
- Geduld
- Rücksprache mit den Erziehenden in der Kita halten
- Gespräch mit dem Kinderarzt, der bei Entwicklungsverzögerungen eine Ergo- oder Physiotherapie in die Wege leiten kann

Unter der Lupe: Die Händigkeit beim Schreiben

Der Terminus **Händigkeit** beschreibt sowohl beim Menschen als auch bei Tieren die **bevorzugte Nutzung einer Hand bzw. einer bestimmten Extremität für feinmotorische Tätigkeiten**, wobei die bevorzugte Hand als **dominant** bezeichnet wird und **aktiv** arbeitet. Im Gegensatz dazu übernimmt die andere Hand die **unterstützende, passive Rolle**.

Grund für die Unterscheidung in Führungs- und Haltehand ist dabei die Zweiteilung unseres Gehirns, da auch im Gehirn jeder von uns eine dominante Hälfte besitzt. Wenn die motorischen Areale der linken Gehirnhälfte dominant sind, wird die rechte Hand zur Führungshand, wohingegen sich die linke Hand zur führenden Hand entwickelt, wenn die motorischen Areale der rechten Gehirnhälfte dominieren. Bei dominanter rechter Hand spricht man außerdem von **Rechtshändigkeit** und bei dominanter linker Hand von **Linkshändigkeit**.

Obgleich die Ursachen der Händigkeit bis heute noch nicht restlos geklärt sind, konnte die Forschung in den vergangenen Jahren herausstellen, dass die Händigkeit sowohl von den **Genen** als auch von der **Umwelt** beeinflusst wird. Demnach ist die Händigkeit also schon von Geburt an festgelegt, sodass sich der Gebrauch der dominanten Hand schon bei vielen Kleinkindern bei spontanen oder besonders herausfordernden Tätigkeiten beobachten lässt – beim Zähneputzen, Winken, Kreiseln, Würfeln und Greifen. Dass Kinder eine Hand intuitiv häufiger gebrauchen, bedeutet jedoch nicht, dass sie ihre dominante Hand später auch von ganz alleine nutzen. Denn bis zum Beginn des fünften Lebensjahres befinden sich Kinder in einer sogenannten Ausprobierphase, in der sie beide Hände zum Spielen, Essen, Malen und Co. einsetzen.

Grundsätzlich sind Kinder mehrheitlich einer Umgebung ausgesetzt, die auf Rechtshändigkeit ausgelegt ist. Erwachsene legen den Löffel beispielsweise rechts neben dem Teller ab, geben ihren Kindern den Stift in die rechte Hand oder bitten sie, andere Menschen mit der rechten Hand zu begrüßen. Aus diesem Grund kommt es insbesondere bei Kindern, die von Natur aus Linkshänder sind, manchmal zu einer **unbewussten Umschulung**. Außerdem kommt es hin und wieder vor, dass sich Kinder selbst umschulen, da sie in erster Linie durch Imitationen lernen und so die Führungshand von Eltern, Geschwistern, Bekannten, Freunden oder anderen Erziehenden nachahmen.

Wenn sich Kinder erst einmal an den Einsatz der eigentlich unterstützenden und damit nicht-dominanten Hand als Führungshand gewöhnt haben, kommt es zur sogenannten **umgeschulten Linkshändigkeit**.

Spätestens dann, wenn die Kinder mit dem Schreiben beginnen, werden die ersten Schwierigkeiten sichtbar, die sich darauf zurückführen lassen, dass die nicht-dominante Gehirnhälfte überfordert ist. In der Schule kann diese Umschulung zu großen Startproblemen führen, da linkshändige Kinder beim Malen und Schreiben in der Regel eine lockere Haltung erst gezeigt bekommen und das Stifthalten üben müssen, da das Schreiben von links nach rechts bei ihnen leicht zu einer Krampfhaltung führen kann. Allgemein führt eine Umschulung der Händigkeit zu Über- und Unterbelastungen im Gehirn, aus denen Schwierigkeiten oder Störungen bei der Konzentrationsfähigkeit oder Probleme beim Lernen, Schreiben, Behalten, Zeichnen oder Hantieren hervorgehen können. Dadurch, dass die unterstützende Hand anstelle der dominanten Hand verwendet wird, lässt sich das Potential der Führungshand auch nach sehr langem Training nicht vollkommen ausschöpfen. Die Dominanz der Führungshand geht nämlich vom Gehirn aus und das mit der Führungshand verbundene feinmotorische Talent wird von der entsprechenden Gehirnhälfte widergespiegelt. Wird der natürliche Bewegungsimpuls von der Führungshand nicht in die Unterstützungshand umgeleitet, werden Lern- und Denkprozesse nicht nur verlangsamt, sondern auch erheblich erschwert. Weiterhin haben umgeschulte Linkshänder oftmals sprachliche Schwierigkeiten und leiden etwa unter Wortfindungsstörungen, einem unterbrochenen Sprachfluss oder gelegentlichem Stottern. Darüber hinaus kann eine Umschulung zu psychischen und seelischen Problemen führen, den Stresspegel erhöhen und nervöse Erscheinungen, wie Schlafstörungen, Nägelkauen, Ticks oder psychosomatische Beschwerden, hervorrufen. Nicht zuletzt kann die Umschulung zudem dazu führen, dass sich betroffene Kinder nicht frei entfalten können und in ihrem Selbstwertgefühl ausgebremst werden.

Spätestens ein Jahr vor Schulbeginn bzw. um den fünften Geburtstag und damit um das Ende der Ausprobierzeit herum sollte deshalb erkannt werden, welche Handpräferenz ein Kind hat, um noch ausreichend Zeit zu haben, sowohl feinmotorische als auch grafomotorische Fähigkeiten der dominanten Hand bis zum Schulbeginn weiter auszudifferenzieren. Wird die dominante Hand nicht als Führungshand genutzt bzw. gibt es erste Anzeichen für eine Umschulung, sollten Eltern für ein Gespräch unbedingt den Kinderarzt aufsuchen und gegebenenfalls einen qualifizierten Händigkeitstest durchführen. Denn nur dann hat das Kind die Möglichkeit, mit seiner Führungshand zu üben, Bewegungsabläufe zu automatisieren und damit das Fundament für das Schreibenlernen zu legen. Es zeigt sich also, dass es unglaublich wichtig ist, dass Ihr Kind von Anfang an selbst wählen kann, welche Hand es für verschiedene Tätigkeiten einsetzen möchte, und gemeinsam mit Ihnen herausfindet, ob es nun Linkshänder oder Rechtshänder ist. Die angeborene Händigkeit lässt sich dabei in den folgenden Bereichen gut beobachten:

- beim spontanen Griff nach beliebigen Gegenständen, die grundsätzlich für beide Hände gleich gut zu erreichen sind
- beim Gebrauch spontaner Gesten, z. B. Winken, Zeigen, Grüßen
- bei Verwendung der Hand im Spiel, z. B. beim Bewegen von Spielfiguren oder Bauklötzen oder beim Schieben von Autos
- beim Einsatz der Hand beim nicht gelenkten Musizieren, z. B. Zupfen einer Gitarrensaite, Trommeln
- bei drehenden Bewegungen, z. B. Öffnen von Gläsern
- bei feinen greifenden Bewegungen, z. B. Pinzettengriff (Greifen mit Zeigefinger und Daumen), der zuerst von der dominierenden Hand erlernt wird

Im Gegensatz zu den aufgeführten Anzeichen ist die Verwendung von Besteck oder Stiften jedoch nur wenig aussagekräftig, da das Handhaben von Werkzeug von Kindern oft nachgeahmt oder durch Erwachsene beeinflusst wird. Linkshändige Kinder sind außerdem häufig dazu gezwungen, mit der rechten Hand zu agieren, weil viele Gebrauchsgegenstände ausschließlich für die rechtshändige Nutzung gefertigt worden sind. Aus diesem Grund sollten Sie den Findungsprozess der Händigkeit Ihres Kindes immer auch mit den folgenden Tipps unterstützen:

- Überlassen Sie Ihrem Kind grundsätzlich selbst die Entscheidung, mit welcher Hand es eine bestimmte Tätigkeit ausüben möchte.
- Wenn Sie Ihrem Kind Spielzeug oder andere Gegenstände reichen, geben Sie ihm dieses nicht in eine bestimmte Hand, sondern legen oder reichen Sie es einfach in die Mitte und überlassen Sie Ihrem Kind die freie Wahl der Hand.
- Achten Sie bei Spielwaren und Gebrauchsartikeln darauf, dass sie beidseitig verwendbar sind, um Ihrem Kind eine freie Handwahl zu ermöglichen.
- Lassen Sie Ihr Kind einmal unterschiedliche Perlen auf einen stabilen und senkrecht aufgestellten Draht aus Metall stecken. Hierbei kristallisiert sich eine eindeutige Aktions- und Haltehand heraus. Außerdem gibt Ihnen bereits das Heraussuchen der Perlen einige Hinweise auf die Händigkeit Ihres Kindes.
- Anstatt das Besteck rechts neben dem Teller zu platzieren, legen Sie es mittig auf den Teller, damit Ihr Kind experimentieren kann.
- Wenn Sie mit Ihrem Kind bestimmte Handlungs- und Bewegungsabläufe einüben, geben Sie ihm die Möglichkeit, beide Varianten auszuprobieren, z. B. Auf- und Abschließen, Brotschmieren, Zähneputzen. Stellen Sie außerdem sicher, Ihrem Kind die Chance zu geben, zwischen beiden Varianten so lange zu wählen, wie es möchte. Nur so kann es herausfinden, mit welcher Hand es die Aktivität besser durchführen kann.

- Vermeiden Sie Beschreibungen oder Bewertungen für die rechte Hand, wie beispielsweise „richtige Hand" oder „schöne Hand". Stellen Sie außerdem sicher, dass auch andere Familienmitglieder oder Bezugspersonen solche Bewertungen vermeiden und Ihr Kind dadurch nicht beeinflussen.
- Zeigen Sie Ihrem Kind verbal und nonverbal, dass sowohl Rechtshändigkeit als auch Linkshändigkeit gut und erwünscht ist.

Neben der Rechts- und Linkshändigkeit gibt es außerdem noch die **Beidhändigkeit**, die auch **Ambidextrie** genannt wird. Von Beidhändigkeit wird immer dann gesprochen, wenn ein Mensch **beide Hände gleichwertig nutzen und einsetzen** kann. Ambidextrie beschreibt dabei allerdings eher die verhältnismäßig gering ausgeprägte Differenz zwischen der dominanten und der unterstützenden Hand, da es Beidhändigkeit streng genommen gar nicht bzw. in nur geringem Maße in dem Sinne gibt, in dem es Rechts- und Linkshändigkeit gibt.

Beidhänder können bei einer Vielzahl von Tätigkeiten also beide Hände gleich gut nutzen und dadurch die dominante und die unterstützende Hand beliebig tauschen. Im Unterschied zu Rechts- oder Linkshändern handelt es sich hierbei jedoch nur um einen graduellen Unterschied. Denn je mehr feinmotorische Fähigkeiten und Komplexität von einer Handlung abverlangt werden, desto stärker bevorzugen Beidhänder eine bestimmte Hand. Im Grunde bedeutet das also, dass die Mehrheit aller Beidhänder eigentlich rechts- oder linkshändig ist. Der Unterschied zwischen der dominanten und der nicht-dominanten Hand ist bei ihnen allerdings wesentlich geringer ausgeprägt als bei den Menschen, die in die Gruppe der Links- und Rechtshänder fallen.

Das Phänomen der Beidhändigkeit kommt oftmals dadurch zustande, dass die angeborene Händigkeit durch **Umwelteinflüsse** verändert wird. Allerdings kann der Grad der angeborenen Bevorzugung dabei sehr stark variieren. Nichtsdestotrotz sind beidhändige Menschen öfter Linkshänder, deren Unterschiede zwischen der dominanten und der eigentlich unterstützenden Hand durch die Zwangsbenutzung entsprechend geringer sind. Daneben kann die eigentlich dominante Hand jedoch auch aufgrund von **lokalen feinmotorischen Störungen** geschwächt werden und damit zu vermehrter Beidhändigkeit führen, weshalb es umso wichtiger ist, die Händigkeit des Kindes frühestmöglich zu erkennen und es nicht in eine Richtung zu drängen. Denn nur, wenn Kinder ihre wahre Händigkeit leben, können sie auch ihr gesamtes Potential entfalten.

Checkliste: Hat mein Kind Probleme mit der Grafomotorik?

Probleme mit der Grafomotorik sollten frühestmöglich erkannt werden, damit Defiziten mit gezielten Förderungsmaßnahmen entgegengewirkt werden kann. Dabei stellt sich zunächst natürlich die Frage, wie grafomotorische Schwierigkeiten frühzeitig erkannt werden können und auf welche Anzeichen dabei geachtet werden sollte.

Die nachfolgende Ankreuz-Checkliste führt typische Anzeichen und Merkmale auf, die auf Probleme mit der Graphomotorik hinweisen und Eltern, Lehrkräften und Pädagogen auf diese aufmerksam machen sollen. Besteht der Verdacht auf eine graphomotorische Schwäche, empfiehlt sich grundsätzlich eine frühestmögliche Abklärung durch einen Spezialisten. Denn je früher eine Behandlung begonnen werden kann, umso größer sind die individuellen Chancen jedes Kindes, innerhalb einer absehbaren Zeit nachhaltige Erfolge zu verzeichnen.

Checkliste

1. Verweigerung von Malen und Zeichnen

o ja

o nein

2. Auffälligkeiten beim Malen und Zeichnen einfacher Formen und nur unzureichende Fähigkeiten beim Ausmalen

o ja

o nein

3. Schwierigkeiten beim Schneiden und Ausschneiden mit einer Schere

o ja

o nein

4. Auffälligkeiten beim Halten von Stiften und Besteck (verkrampft, steil, einwärtsgedreht)

o ja

o nein

5. Probleme bei der Strichführung und zittriges Schriftbild

o ja

o nein

6. Probleme bei der Kraftdosierung (der Stift wird entweder mit zu wenig oder zu viel Kraft verwendet)

o ja

o nein

7. Schwankungen der Buchstabengröße und ungleichmäßige Wortabstände

o ja

o nein

8. Nichteinhaltung von Zeilen und Begrenzungslinien beim Malen und Schreiben

o ja

o nein

9. Verdrehungen von Buchstaben und Zahlen

o ja

o nein

10. verlangsamtes Tempo beim (Ab-) Schreiben

o ja

o nein

11. instabile und schlaksige Sitzhaltung

o ja

o nein

12. Schwächen in der Fein- und Grobmotorik

o ja

o nein

13. Schwierigkeiten mit dem Gleichgewicht, in der Koordination der Bewegungskontrolle sowie bei der Regulation des Tonus (Spannungsgrad von Organen oder Organteilen)

o ja

o nein

Grafomotorische Bausteine zum Schuleintritt

Feinmotorik (Koordination von Hand- und Fingerbewegungen)

Zur Erinnerung: Die Feinmotorik beschreibt die Fähigkeit, zielgerichtete, genau dosierte und koordinative Bewegungsabläufe kleinerer Muskelgruppen auszuführen.

Die Bewegungsfertigkeiten beziehen sich dabei in erster Linie auf die **Finger**, die **Zehen** sowie die **Muskulatur im Gesicht** und umfassen kleine sowie sehr präzise Bewegungen, bei denen eine angemessene Kraftdosierung von zentraler Bedeutung ist. Zu den Fertigkeiten der Feinmotorik gehören zum Beispiel das Malen, Schreiben und Ausschneiden sowie das Schneiden von Grimassen und das Schließen von Knöpfen. Neben den Fingerfertigkeiten umfasst die Feinmotorik damit außerdem die **Mimik der Gesichtsmuskeln**, **Zehenbewegungen** und **Mund-** sowie **Zungenbewegungen**.

Grundsätzlich gilt die Grobmotorik als Grundlage für die Entwicklung der Feinmotorik, die sich Kinder im Baby- und Kleinkindalter aneignen, bevor die einzelnen Bewegungsabläufe der Feinmotorik für sie mit zunehmendem Alter immer interessanter werden. Wie bereits im Kapitel „Grafomotorische Fähigkeiten" erläutert, ist eine gut entwickelte Feinmotorik die Voraussetzung für den schulischen Erfolg von Kindern, da mit Eintritt in die Schule so einige feinmotorische Tätigkeiten von ihnen abverlangt werden. Die gezielten und koordinierten Bewegungen der Feinmotorik kommen nämlich in erster Linie in der Handgeschicklichkeit zum Ausdruck, der wiederum unterschiedliche Teilbereiche zugeordnet werden. Zu diesen Teilbereichen gehören beispielsweise

- die Hand- und Fingerkraft,
- die Auge-Hand-Koordination,
- die Finger- und Handgeschicklichkeit und
- die Zielgenauigkeit.

Untersuchungen (z. B. Roesch et al., 2022) zeigen zudem, dass die Feinmotorik Einfluss auf die Rechenfähigkeit haben kann. Darüber hinaus ermöglicht die Mundmotorik die Artikulation von Lauten und die Gesichtsmotorik spielt beim nonverbalen Kommunikationsprozess eine wichtige Rolle.

Zusammenhang Feinmotorik und Grafomotorik
Damit alle wichtigen Grundlagen mit der Einschulung gelegt sind und Kinder mit dem Schriftspracherwerb beginnen können, muss ihre Feinmotorik in den ersten sechs Lebensjahren kontinuierlich weiterentwickelt worden sein. Eine ausgeprägte Feinmotorik ist nämlich eine der wichtigsten und wesentlichsten Voraussetzungen für eine gute Handschrift.

Die wichtigsten Meilensteine und somit auch bedeutende Anzeichen für eine dem Alter entsprechend ausgebildete Feinmotorik sind nachfolgend zusammengefasst:

1. Lebensjahr
- Halten und Loslassen von Gegenständen
- zielgerichtetes Greifen
- Erkundung von Gegenständen mit dem Mund
- Winken

2. Lebensjahr
- (teilweise unsicherer) Pinzettengriff
- Werfen von Gegenständen
- Zeigen mit dem Zeigefinger
- Aufnahme von Dingen und Weitergabe mit der Hand
- Malen von Linien und Punkten im Faustgriff

3. Lebensjahr
- Drehung eines Verschlusses
- Auffädelung großer Perlen
- Kritzeln im Faustgriff
- Stapelung von Bauklötzen
- Essen mit einer Gabel
- eigenständiges Anziehen von (weiten) Hosen, Mütze und ggf. Socken

4. Lebensjahr
- Laufen auf Zehenspitzen
- Malen von Kreisen, Druckdosierung beim Malen mit dem Stift, Zerschneiden von Papier mit einer Schere, Formen von Kugeln und Rollen mit Knete
- Stapelung von acht Bausteinen und Aneinanderbauen von Schienen
- sicheres Essen mit Gabel und Löffel
- Schließen großer Knöpfe

5. Lebensjahr
- Schneiden auf einer Linie mit der Schere und sicherer Umgang mit dem Kleber
- Schließen eines Reißverschlusses und eigenständiges Anziehen
- einzelne Bewegung aller Finger
- Halten eines Stifts im Dreipunktgriff und Schreiben von Namen
- detailliertes Malen von Figuren und Nachmalen von Formen
- Kneten von Figuren

6. Lebensjahr
- (Ab-) Schreiben von Zahlen und Buchstaben
- Knoten und später Binden von Schleifen
- Ausschneiden schwieriger Formen auf einer Linie
- detailliertes Malen
- sachgemäßer Umgang mit Werkzeug
- Festlegung der Händigkeit

Natürlich muss an dieser Stelle angemerkt werden, dass jedes Kind einzigartig ist und sich in seinem ganz eigenen Tempo entwickelt. Aus diesem Grund zeigen einige Kinder viele der hier genannten feinmotorischen Fähigkeiten etwas früher und andere dafür ein wenig später. Eine mangelnde Feinmotorik wirkt sich jedoch bei jedem Kind auf dieselbe Art und Weise aus und kann bei längerem Schreiben zu

- einer verkrampften und schmerzenden Hand,
- einer unleserlichen Schrift,
- Defiziten beim Rechnen oder
- Schwierigkeiten bei alltäglichen Dingen, wie dem Zähneputzen und Anziehen,

oder sogar, bei unzureichend entwickelter Zungen- und Mundmuskulatur, zu Problemen beim Sprechen führen.

In der Regel entdecken Lehrkräfte feinmotorische Defizite ihrer Schüler wesentlich schneller als die Eltern, da in der Schule viel mehr Kontaktpunkte gegeben sind. Treten Probleme oder Schwierigkeiten auf, kann die Feinmotorik von Kindern durch regelmäßiges Üben wieder verbessert werden.

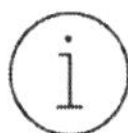

Neben der spielerischen Förderung (Kapitel „Gezieltes Fördermaterial"), ausreichend Bewegung und der Möglichkeit, neue Dinge in Ruhe auszuprobieren zu können, können auch simple und alltagstaugliche Ideen, wie

- das Kneten,
- das Spiel mit Bauklötzen,
- das Auffädeln von Perlen,
- das Malen sowie
- das Puzzeln,

dazu beitragen, dass die feinmotorischen Fähigkeiten betroffener Kinder gefördert werden.

Auf einen Blick:

Koordination von Hand- und Fingerbewegungen

- Fähigkeit, zielgerichtete, genau dosierte und koordinative Bewegungsabläufe kleinerer Muskelgruppen auszuführen
- Feinmotorik umfasst Fingerfertigkeiten, Zungen- und Mundbewegungen, Zehenbewegungen sowie die Mimik der Gesichtsmuskulatur
- Grobmotorik als Grundlage der Feinmotorik
- Feinmotorik als Voraussetzung für den schulischen Erfolg

WAHRNEHMUNG

Die **Wahrnehmung**, die auch **Perzeption** genannt wird, ist ein komplexer kognitiver Prozess, der als **Fähigkeit** definiert wird, **verschiedene auftretende Informationen (Reize) aktiv über** die jeweiligen Rezeptoren der **Sinne aufzunehmen**, diese aufgenommenen Informationen **zu verarbeiten, zu verstehen** und ihnen anschließend **Sinn zu verleihen**.

Die Wahrnehmung ermöglicht es uns somit, Reize, die wir durch unsere Sinnesorgane aufgenommen haben, zu interpretieren. Grundsätzlich kommt der Wahrnehmung damit im alltäglichen Leben eine zentrale Bedeutung zu, da sie es uns ermöglicht, die Welt um uns herum zu entschlüsseln und zu verstehen.

Zusammenhang Wahrnehmung und Grafomotorik
Die Wahrnehmung dient dazu, dass Kinder ihre Umgebung richtig verstehen, analysieren und anschließend auch interpretieren können, wodurch die Wahrnehmung das Fundament für Denkprozesse sowie komplexe Lernprozesse legt und die Reizaufnahme mit der motorischen Reaktion und Ausführung verknüpft.

Die Verarbeitung der auftretenden Reize erfolgt dabei bei jedem Menschen nach *persönlichen* Kriterien. Aufgrund unserer vergangenen Lernprozesse und individuellen Erfahrungen sowie Erlebnisse nimmt jeder einzelne von uns Reize unterschiedlich und sehr individuell wahr. Daneben spielt auch unsere Aufmerksamkeit bei der Wahrnehmung eine zentrale Rolle, da wir unser Bewusstsein in jedem gegebenen Moment immer nur auf einen begrenzten Umfang richten und nicht jeden einströmenden Reiz wahrnehmen können. Unsere Aufmerksamkeit ermöglicht es uns dann, uns auf bestimmte Gefühle, Gedanken, Handlungen oder eben Wahrnehmungen zu fokussieren.

Die Folge von Wahrnehmungen sind Verhaltens- und Motorikreaktionen, die die Wahrnehmung wiederum selbst beeinflussen können (z. B.: eine heiße Herdplatte kann wehtun und ist deshalb gefährlich). Damit bildet die Wahrnehmung sowohl für die soziale als auch die seelische Entwicklung die Voraussetzung und dient uns in der Welt somit als **Orientierung**.

Da es sich bei der Wahrnehmung nicht um einen einzelnen, spontanen Prozess handelt, lässt sie sich im Allgemeinen in verschiedene Phasen bzw. Prozesse einteilen. Der **Wahrnehmungsprozess** beschreibt dabei sowohl den **Ablauf** als auch die **Verarbeitung** eines aus der Umwelt wahrgenommenen Reizes. Dieser Prozess läuft jedoch weder spontan ab noch wird er unmittelbar abgeschlossen. Er setzt sich vielmehr aus drei unterschiedlichen Phasen zusammen, die für die korrekte Wahrnehmung eines Reizes verantwortlich sind und diese ermöglichen: Auswahl, Organisation und Interpretation.

1. Phase: Die Auswahl

Die überwältigende Flut an Reizen, der jeder von uns tagtäglich ausgesetzt ist, überschreitet die individuelle Aufnahmekapazität jedes Einzelnen ungemein. Niemand von uns ist in der Lage, jegliche Informationen, die auf uns einströmen, bewusst wahrzunehmen. Aus diesem Grund müssen die einströmenden Informationen selektiv wahrgenommen und gefiltert werden, um zwischen unwichtigen und wichtigen Dingen zu unterscheiden. Dabei obliegt es unserer eigenen Aufmerksamkeit, welche Informationen wahrgenommen und welche verworfen werden, wobei diese Auswahl von unseren vergangenen Erfahrungen, persönlichen Vorlieben und individuellen Bedürfnissen gelenkt wird. Nachdem die einkommenden Informationen gefiltert wurden, werden sie durch unsere Sinne aufgenommen.

2. Phase: Die Organisation

Damit wir den einströmenden Reizen einfacher eine Bedeutung zusprechen können, werden diese zunächst in neuronale Impulse umgewandelt und im Anschluss in Gruppen aufgenommen. Stehen von uns wahrgenommene Einzelheiten also in Relation zueinander, werden diese von uns als zusammenhängend erkannt.

In der zweiten Phase des Wahrnehmungsprozesses sind zudem die sogenannten **Gestaltgesetze** von zentraler Bedeutung.

> Grundsätzlich sind Gestaltgesetze eine Gruppe von Regeln, die angeben, mit welcher Wahrscheinlichkeit einzelne Teile eines Bildes als ein Objekt zusammengehören.

Die Gestaltgesetze geben dabei vor, welche Prinzipien wir beim Ordnen unserer Sinneseindrücke befolgen müssen. Wir nehmen immer das wahr, was einerseits am einfachsten ist und andererseits, auf Grundlage unserer Erfahrungen sowie unseres Wissens, am ehesten wahr sein kann. Demnach geht die Forschung davon aus, dass unser menschliches Gehirn beim Wahrnehmen nach bekannten Mustern sucht, um Informationen effizienter zu verarbeiten. Ganz automatisch und unbewusst greifen wir auf Erfahrungswerte zurück und lassen uns von diesen leiten.

Eng verknüpft mit den Gestaltgesetzen sind dabei **Schemata**. Schemata sind sich wiederholende Muster in kindlichen Verhaltensweisen und stehen unmittelbar mit der Entwicklung sowie der Etablierung von kognitiven Strukturen im Gehirn in Verbindung. Kinder lernen durch eigene, sich wiederholende Handlungen, die Mustern folgen. Dabei fungieren Schemata als Schablone einer Handlung, damit sie, ohne darüber nachzudenken und auf dieselbe Art und Weise, handeln können.

In der Entwicklung von Kindern funktionieren Schemata dabei auf den vier Ebenen der Sensomotorik, der symbolischen Darstellung, der funktionalen Abhängigkeit sowie auf der Ebene des abstrakten Denkens.

Grundsätzlich stammt der Begriff Schema aus dem Griechischen und lässt sich mit Haltung, Figur oder Gestalt gleichsetzen. Für Immanuel Kant fungiert ein Schema zur Veranschaulichung von Inhalten abstrakter Begriffe, die durch anschauliche und zugleich stellvertretende Vorstellungen abgebildet werden. Von Frederic Charles Bartlett wird der Begriff in der Gedächtnispsychologie zur Beschreibung von Wissensstrukturen gebraucht und der Schweizer Erkenntnistheoretiker und Psychologe Jean Piaget bezeichnet Schema in der Entwicklungspsychologie als kognitive Struktur, die einerseits gewissen Aufbaugesetzen unterworfen ist und sich andererseits nach gewissen Entwicklungsgesetzen verändert (Assimilation = Umweltgegebenheiten werden an die Schemata angepasst; Akkommodation = Schemata werden an die Umwelt angepasst).

Schemata sind für die Wahrnehmung der Welt sowie für die Wissensrepräsentation ungemein wichtig, denn ohne Schemata könnten wir die Außenwelt weder wahrnehmen noch erkennen. Schemata ermöglichen es uns, die Einzelheiten der Welt zu Gesamteinheiten zu organisieren. So nimmt unser Bewusstsein zum Beispiel nicht nur durch mühsames Mustern einzelne Details, wie die Blätter, Äste, Zweige, den Stamm und die Rinde eines Baumes, wahr, sondern den Baum als Ganzes. Schemata verringern somit die Komplexität und verleihen unseren Vorstellungen sowohl Dauer als auch Festigkeit und ermöglichen es uns darüber hinaus, rasch zu reagieren. Durch Schemata sind wir also in der Lage, externe Informationen, die wir über unsere Sinnesorgane empfangen, wahrzunehmen und diese Informationen in der Folge, indem wir ihnen Bedeutung zuordnen, zu Wissen umzuwandeln. Im Gegensatz dazu können Dinge, denen wir keinerlei Bedeutung zuschreiben, ausgefiltert werden.

3. Phase: Die Interpretation

Anschließend werden die neuronalen Informationen an unser Gehirn übermittelt, um ihnen dort Bedeutung zuzuschreiben und den Wahrnehmungsprozess damit abzuschließen. Der Prozess der Interpretation wird dabei wieder durch vergangene Erwartungen sowie Erfahrungen beeinflusst.

Neben den verschiedenen Phasen der Wahrnehmung wird diese im klassischen Sinne weiterhin nach der **Wahrnehmung über unsere fünf Sinne** – Sehen, Hören, Tasten, Schmecken und Riechen – eingeteilt.

Die **visuelle Wahrnehmung** bzw. das **Sehvermögen** beschreibt die Fähigkeit, auf das Auge treffende Lichtinformationen wahrzunehmen und diese im Anschluss zu interpretieren. Dabei muss der Reiz innerhalb des Spektrums liegen, das für das menschliche Auge sichtbar ist. Die visuelle Wahrnehmung ermöglicht es uns zum Beispiel, Helligkeiten und verschiedene Farben wahrzunehmen.

Die **auditive Wahrnehmung**, die auch als **Hörvermögen** bekannt ist, wird als Fähigkeit definiert, hörbare Frequenzen – also Geräusche und Töne – über das Ohr wahrzunehmen und diese zu interpretieren.

Die **taktile Wahrnehmung**, die auch als **haptische oder somatosensorische Wahrnehmung** bezeichnet wird oder unter dem Begriff **Tastsinn** bekannt ist, beschreibt die Fähigkeit, durch Vibration oder Druck über die Haut aufgenommene Informationen zu interpretieren. Damit erfolgt die taktile Wahrnehmung also über die Empfindungen unserer Haut.

Der **Geruchssinn** bzw. die **olfaktorische Wahrnehmung** meint die Fähigkeit, verschiedene Informationen von in der Luft vorhandenen chemischen Substanzen zu interpretieren. Die grundlegende Geruchswahrnehmung wird dabei durch Substanzen aktiviert, die geruchstragend sind, da die in der Nase befindlichen Haarzellen auf die chemischen Substanzen in der Luft reagieren.

Der Geschmackssinn bzw. die **Geschmackswahrnehmung** ist dafür verantwortlich, Informationen zu verarbeiten, die aus im Speichel aufgelösten chemischen Substanzen stammen (Geschmack). So sind wir in der Lage, über unsere Zunge zum Beispiel sauer, salzig, süß oder bitter zu unterscheiden.

Neben der klassischen Einteilung der Wahrnehmung nach den fünf Sinnen gibt es noch weitere Wahrnehmungsarten, die alle dazu beitragen, die Umwelt zu verstehen. Einige wichtige von ihnen sind im Folgenden aufgelistet:

Die **vestibuläre Wahrnehmung**, die auch als **Gleichgewichtssinn** bekannt ist, verläuft über das Innenohr und ist aus diesem Grund eng mit dem Hörsinn verknüpft. Grundsätzlich dient die vestibuläre Wahrnehmung der Orientierung im Raum sowie dem Ausbalancieren von körperlichen Haltungen in Ruhe und in Bewegung – also das Kontrollieren von Haltung und Gleichgewicht. Die Fähigkeit, Informationen über Geschwindigkeit und die Bewegungen des eigenen Körpers und der Umgebung zu interpretieren, wird als **kinästhetische Wahrnehmung** bezeichnet. Um Distanzen, Bewegungen und Geschwindigkeiten ein- und abschätzen zu können, sind sowohl die visuelle, räumliche und zeitliche als auch die taktile, vestibuläre (Gleichgewichtssinn) sowie die proprioseptive (Tiefensensibilität) Wahrnehmung von zentraler Bedeutung.

Die **Propriozeption**, die im allgemeinen Sprachgebrauch auch als **Tiefensensibilität** bekannt ist, meint die Sinneswahrnehmung, bei der der Körper das Gehirn über Position und Zustand von Sehnen und Muskeln informiert. Durch die Tiefensensibilität sind wir in der Lage, die Haltung des Körpers sowie die exakte Lage jedes Körperteils zu erkennen. Die propriozeptive Fähigkeit ist eng mit der vestibulären und der haptischen Wahrnehmung verknüpft.

Die **Sprachwahrnehmung** beschreibt den Verarbeitungsprozess von geschriebener und gesprochener Sprache sowie von Gebärdensprache, wobei es sich um die Differenzierung sowie das Erkennen von visuellen oder akustischen Informationen handelt.

Die **Schmerzwahrnehmung** bzw. die **Nozizeption** wird durch jegliche Reize ausgelöst, die so stark sind, dass sie gefährlich, bedrohlich oder gewebsschädigend sein könnten. Dabei können Schmerzreize entweder von innen, wie zum Beispiel innere Entzündungen, oder von außen kommen, beispielsweise durch starken Druck, extreme Temperaturen, elektrische Schocks oder ätzende Chemikalien.

Grundsätzlich beginnt die Entwicklung der Wahrnehmungsprozesse bereits während der Schwangerschaft, sodass gesunde Neugeborene mit allen funktionsfähigen Sinnessystemen ausgestattet sind. Obgleich sie bereits hören, sehen, schmecken, riechen, spüren und Schmerz fühlen können, sind ihre Sinnesempfindungen jedoch verschieden stark ausgeprägt. Genauso wie sich die Fähigkeiten, Sinnesreize zu verarbeiten, einzuordnen, zu koordinieren und auf diese angemessen zu reagieren, im Laufe der ersten Monate und Jahre noch entwickeln, müssen auch die einzelnen Sinnesbereiche mit der Zeit weiter ausreifen.

Im Laufe unseres Lebens sind wir permanent von äußeren Reizen umgeben, wobei unser Gehirn ganz bewusst danach strebt, unsere Umgebung richtig einzuordnen. Werden Sinneseindrücke dabei jedoch fehlerhaft verarbeitet, sind sogenannte **Wahrnehmungsstörungen** die Folge. Betroffene sehen, fühlen, hören, riechen oder schmecken dann anders als andere, sodass das eigene Bild der Realität dauerhaft von dem Bild abweicht, das andere Menschen haben.

Die Ursachen, die Wahrnehmungsstörungen dabei zugrunde liegen, sind vielfältig und umfassen sowohl angeborene Defekte, die beispielsweise eine Reizverarbeitung verhindern, als auch erworbene Defekte, wobei die Wahrnehmungsstörung aufgrund von mangelnder sozialer Förderung im Kindesalter entstehen kann. Außerdem können Störungen der Wahrnehmung immer dann vorliegen, wenn das Erfassen von Sinnesreizen entweder gestört ist, innerhalb der Verarbeitungsabfolge eine Beeinträchtigung vorliegt oder die Verbindung der einzelnen Sinnessysteme unterbrochen ist.

Liegt eine Störung der Wahrnehmung vor, kann es zu einer fehlerhaften Reizinterpretation kommen und die Realität kann durch die eigene Wahrnehmung nicht mehr getreu widergespiegelt werden. Fehlinterpretationen der Reize können dabei zum Beispiel bei Halluzinationen, Illusionen oder Krankheiten (z. B. Depressionen, Schlaganfall, Alzheimer) auftreten. Darüber hinaus kann die Wahrnehmung beeinträchtigt werden durch eine Verletzung der Sinnesorgane, der Nervenbahnen und der für die Wahrnehmung zuständigen Bereiche im Gehirn oder durch den Konsum von Alkohol.

Insbesondere bei Kindern können sich Wahrnehmungsstörungen im Alltag unterschiedlich äußern und unter anderem durch

- ängstliches Verhalten,
- Aggressivität,
- Selbstwertprobleme,
- Konzentrationsschwierigkeiten,
- Aufmerksamkeitsprobleme,
- Überempfindlichkeit,
- Verletzbarkeit,
- eine Lese- und Rechtschreibschwäche oder
- Defizite in der Grob- und Feinmotorik

zum Ausdruck kommen.

Um bereits im Kleinkindalter auszuschließen, dass Ihr Kind unter Wahrnehmungsstörungen leidet oder allgemeine Schwierigkeiten mit der Wahrnehmung oder einer bestimmten Wahrnehmungsart hat, sollte die kognitive Fähigkeit Ihres Kindes immer wieder überprüft werden. Dabei können Sie sich gerne an den nachfolgenden alltagstauglichen Tipps und Methoden für einige Wahrnehmungsarten orientieren:

- **visuelle Wahrnehmung:** Unterscheidung von Helligkeiten, Farben und Objektgrößen, Wahrnehmung und Unterscheidung der räumlichen Beziehung mehrerer Objekte sowie zwischen mehreren Objekten
- **auditive Wahrnehmung:** Unterscheidung von Lautstärken, Geräuschen und Tonhöhen sowie Erkennen, aus welchen Richtungen diese kommen, Differenzierung zwischen wichtigen und unwichtigen akustischen Zeichen
- **taktile Wahrnehmung:** Unterscheidung von Objektgrößen, Objektformen, Temperaturen, Festigkeit von Objekten und Eigenschaften von Objekten sowie Wahrnehmung von Druck und Hautberührungen

- **olfaktorische Wahrnehmung:** Unterscheidung und Erkennen verschiedener, nicht erkennbarer Gerüche und Düfte
- **Geschmackswahrnehmung:** Unterscheidung unterschiedlicher Geschmäcker, Erkennen von Obst und Gemüse mit verbundenen Augen
- **vestibuläre Wahrnehmung:** Sicherung der Körperhaltung, Regulation von statischen und dynamischen Haltungen, sicheres Balancieren von Objekten sowie Reaktion bzw. Anpassung auf veränderte Haltungs- und Körperlagen, Richtungs- und Drehänderungen oder Beschleunigungen
- **kinästhetische Wahrnehmung:** Auf- und Abbau von Muskelspannungen, Unterscheidung der Gelenkstellungen, Veränderung und Halten von Körperpositionen und -raumlagen, Krafteinsatz und Kraftdosierung
- **Tiefensensibilität:** Unterscheidung von Gewichten, Nachahmen von Tieren, Koordinationsübungen

Falls Sie feststellen sollten, dass Ihr Kind Probleme mit seiner Wahrnehmung hat, ist das kein Grund zur Sorge. Denn glücklicherweise kann jede kognitive Fähigkeit, und damit auch die Wahrnehmung, durch kognitive Stimulation trainiert und somit auch verbessert werden (Kapitel „Gezieltes Fördermaterial").

Auf einen Blick:

Wahrnehmung

- Fähigkeit, sensorische Informationen (Reize) durch die Sinnesorgane aufzunehmen, zu verarbeiten und zu interpretieren
- drei Phasen des Wahrnehmungsprozesses: Auswahl, Organisation, Interpretation
- verschiedene Arten der Wahrnehmung
- Aufmerksamkeit als enge Verbindung zur Wahrnehmung
- Wahrnehmung als Orientierung in der Welt
- Wahrnehmung ist durch Erlebnisse, Erfahrungen, Interessen, Vorlieben und Aufmerksamkeit individuell geprägt
- Wahrnehmungsstörungen können infolge von angeborenen oder erworbenen Defekten, Störungen, Krankheiten, Verletzungen, Halluzinationen oder Illusionen auftreten

AUGE-HAND-KOORDINATION

Unter dem Begriff **Auge-Hand-Koordination** wird die Fähigkeit verstanden, **verschiedene Aktivitäten** auszuführen, für die **zeitgleich** sowohl die **Augen** als auch die **Hände** benötigt werden.

Hierzu zählen zum Beispiel Aufgaben, bei welchen Informationen, die wir über die Augen aufgenommen haben (visuell-räumliche Wahrnehmung), verwendet werden, um unsere Hände dazu anzuleiten, eine bestimmte Bewegung auszuführen.

Im Wesentlichen verwenden wir unsere Augen dafür, die Aufmerksamkeit auf einen spezifischen Reiz zu lenken und unserem Gehirn zur selben Zeit dabei zu helfen, dass es versteht, wo im Raum sich unser Körper befindet (Selbstwahrnehmung). Im Gegensatz dazu nutzen wir unsere Hände dafür, gewisse Aufgaben, für die über die Augen aufgenommene visuelle Informationen notwendig sind, zeitgleich auszuführen.

Da sowohl motorische als auch visuelle Kapazitäten zeitgleich benötigt werden, um die Hand durch über die Augen aufgenommene visuelle Stimulation zu leiten, ist die Auge-Hand-Koordination eine **komplexe kognitive Fähigkeit**, die vor allem in der Entwicklung von Kindern und ihrem schulischen Erfolg einen wesentlichen Stellenwert einnimmt, jedoch auch im Leben eines Erwachsenen für eine Vielzahl alltäglicher Aktivitäten unverzichtbar ist.

Grundsätzlich ist die Auge-Hand-Koordination ein **Teilbereich der Visuomotorik**, also der Koordination zwischen dem Sehen (Wahrnehmung) und der Bewegung (Motorik).

Bei der Visuomotorik werden die visuell wahrgenommenen Eindrücke umgesetzt und dabei als zielgerichtete Bewegungen ausgeführt. Die Koordination der Visuomotorik beginnt bereits zum Zeitpunkt der Geburt, wobei die Hand für ein Neugeborenes erst einmal nichts weiter als ein Körperteil ist, mit dem es Informationen aus der Umwelt aufnehmen kann. Im Laufe seiner Entwicklung übernehmen dann die Augen die visuelle Wahrnehmung, die von der Hand lediglich bei komplexeren und herausfordernden Tätigkeiten zusätzlich unterstützt wird.

Obgleich sich die Visuomotorik bei Kindern schrittweise entwickelt, ist sie für eine optimale Handlungsplanung und deren Ausführung und damit für beinahe jede alltägliche Bewegung Voraussetzung. Denn wenn zwischen dem Sehen und dem Bewegungsapparat keine ausreichende Koordinationsfähigkeit besteht, wären sie nicht in der Lage, simple Alltagsaufgaben wie das Schreiben oder das Schneiden auszuführen.

Zusammenhang Auge-Hand-Koordination und Grafomotorik
Beginnen wir, auf einem Blatt Papier in einer Linie zu schreiben, senden unsere Augen visuelle Informationen an unser Gehirn und informieren es darüber, an welcher Stelle wir unsere Hand platzieren und ob unsere Handschrift überhaupt lesbar ist oder nicht. Daraufhin erstellt unser Gehirn mit dieser Information Anweisungen, durch die wir unsere Hand richtig bewegen und korrekte Formen sowie Linien schreiben, die sich dann sukzessiv zu einzelnen Buchstaben formieren. Dabei ermöglicht uns die visuelle Rückmeldung die Korrektur fehlerhafter Linien und Formen, die durch im Vorfeld abgelaufene motorische Anweisungen generiert wurden. Ein vergleichbarer Zyklus findet auch beim Tippen auf eine Tastatur statt. Unsere einzelnen Bewegungen mögen dabei zwar unterschiedlich sein, jedoch werden auch hierbei visuelle Informationen genutzt, die unserem Gehirn die Handführung mitteilen und diesem übermitteln, ob eventuell aufgetretene Fehler korrigiert werden müssen.

Darüber hinaus wird die Auge-Hand-Koordination zum Beispiel beim Fahren verwendet, da wir zur Steuerung des Lenkrads visuelle Informationen benötigen. Zudem wird sie beim Sport genutzt, da wir das, was wir sehen, schließlich auch mit unseren körperlichen Bewegungen koordinieren müssen. Je nach Sportart dominiert dabei entweder die Auge-Hand-Koordination (Volleyball, Basketball, Handball) oder die Auge-Fuß-Koordination (Fußball, Leichtathletik, Laufen), wobei das Auge natürlich bei jeder Sportart mit einem Körperteil ‚abgestimmt' wird (motorische Koordination). Daneben nutzen wir die Auge-Hand-Koordination bei simplen und alltäglichen Aufgaben, wie dem Stecken eines Schlüssels in ein Schloss oder dann, wenn Kinder mit Spielzeug spielen, bei dem sie mehreren Löchern bestimmte Formen zuordnen müssen. Da nahezu jede unserer Bewegungen von unseren Augen gelenkt wird, spielt bei der visuomotorischen Koordination außerdem unsere Sehstärke eine zentrale Rolle, da die deutliche und scharfe Wahrnehmung von Objekten von ihr abhängig ist. Sollte also eine refraktive Sehschwäche, wie zum Beispiel Weitsichtigkeit, Kurzsichtigkeit und/oder eine Verkrümmung der Hornhaut, vorliegen, sollte die Sehschwäche zugunsten einer optimalen Auge-Hand-Koordination korrigiert werden – beispielsweise durch eine Brille oder Kontaktlinsen. **Störungen** der visuomotorischen Koordination gehen oftmals **mit weiteren Lernbeeinträchtigungen** einher, z. B. Augenbeschwerden, Schwierigkeiten beim Schreiben und Lesen oder dem Erkennen von Farben, Formen, Körpern oder Gegenständen. Grundsätzlich deutet eine Beeinträchtigung der Visuomotorik dabei auf eine unzureichende bzw. zu langsam funktionierende Verarbeitung im Kleinhirn hin. Die Störung der Visuomotorik ist hierbei jedoch weniger auf die Durchführung der einzelnen Bewegungsabläufe beschränkt, sondern vielmehr auf die Verarbeitung der Sinnesreize, die im Kleinhirn nicht richtig bzw. zu langsam funktionieren. Diese Beschränkung äußert sich zum Beispiel in der Verwechslung von rechts und links oder darin, dass den Betroffenen die Unterscheidung von ähnlich aussehenden Buchstaben und Zahlen schwerfällt. Die Auge-Hand-Koordination lässt sich oftmals durch gezielte Übungen nachhaltig verbessern und im Anschluss daran auch auf andere Bereiche des Lebens übertragen. Die meisten Übungen bringen sogar einen hohen Spaßfaktor mit sich, weshalb Kinder häufig gar nicht bemerken, dass sie viel mehr machen, als nur zu spielen. Zu den Übungen und Tätigkeiten, die zu einer besseren Auge-Hand-Koordination beitragen, gehören unter anderem das Puzzeln, Malen, Jonglieren, verschiedene Handarbeiten und Ballsportarten, bei denen entweder nur Bälle oder auch Bälle und Schläger eingesetzt werden.

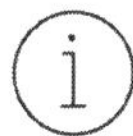

Gezielte Übungsbeispiele zur Verbesserung der visuomotorischen Fähigkeit finden sich zusätzlich im Kapitel „Gezieltes Fördermaterial" wieder.

Nichtsdestotrotz muss an dieser Stelle angemerkt werden, dass visuomotorische Defizite nicht immer ausgeglichen werden können, wobei eine Ergotherapie jedoch helfen kann, Probleme frühestmöglich zu erkennen, anzugehen und diesen somit gezielt entgegenzuwirken. Bevor sich Eltern allerdings an einen Ergotherapierenden richten, sollte immer erst eine Sehschwäche des Kindes ausgeschlossen werden.

Auf einen Blick:
Auge-Hand-Koordination

- Fähigkeit, verschiedene Aktivitäten auszuführen, für die zeitgleich die Augen und die Hände benötigt werden
- Teilbereich der Visuomotorik, bei der visuell wahrgenommene Eindrücke umgesetzt und dabei als zielgerichtete Bewegungen ausgeführt werden
- Entwicklung der Auge-Hand-Koordination beginnt ab dem Zeitpunkt der Geburt
- Voraussetzung für optimale Handlungsplanung und -ausführung und damit für beinahe jede Bewegung
- Gebrauch: Schreiben, Schneiden, Fahren, Sport, Stecken eines Schlüssels in ein Schloss, Zuordnung bestimmter Formen in vorgegebene Löcher

Störungen gehen oftmals mit Lernbeeinträchtigungen oder Sehschwäche einher, deuten auf unzureichende bzw. zu langsame Verarbeitung im Kleinhirn hin

- nachhaltige Verbesserung durch gezielte Übungen möglich

RAUMORIENTIERUNG

Die **Raumorientierung** ist eine **kognitive** Fähigkeit, die uns einerseits dabei hilft, unsere **Umgebung** mit all ihren Größen, Formen und Distanzen **zu erkennen**, und uns andererseits dabei unterstützt, uns **im Raum** zu **orientieren,** zu **bewegen** und zu **positionieren**.

Außerdem ermöglicht uns das Raumlage-Verständnis, unseren eigenen Körper, andere Menschen oder auch Gegenstände **in Bezug zu setzen**. Kinder, die eine gute Raumorientierung haben, wissen also ganz genau, was sich rechts, links, vor und hinter ihnen befindet. Weiterhin sind sie in der Lage, zu beschreiben, wo genau sich Dinge befinden. So wissen sie zum Beispiel, dass die Wasserflasche auf dem Tisch steht und der Ball unter dem Gartenzaun hindurchgerollt ist.

Grundsätzlich entwickeln Kinder automatisch ein Raumlageverständnis, sobald sie damit beginnen, nach Dingen zu greifen oder verschiedene Gegenstände in den Mund zu nehmen. Das liegt daran, dass sowohl die reflektorischen Zonen für den Mund als auch die für die Hände im Gehirn eng beieinanderliegen. Aus diesem Grund wirkt sich jegliches Erforschen mit dem Mund und jedes Saugen auf die Fähigkeit der Hände aus – und umgekehrt.

Obwohl Babys in ihren ersten Lebenswochen noch unbewusst zugreifen, besitzen sie schon den sogenannten Klammerreflex, der durch spontane und akustisch laute Bewegungen, Geräusche oder Licht ausgelöst wird. Beim Klammerreflex strecken Babys ihre Beine und Arme urplötzlich von sich und werfen zur selben Zeit ihren Kopf nach hinten und schreien, bevor sie ihre Arme und Beine dann wieder in Klammerhaltung an sich ziehen. Wird ihnen also ein Finger oder aber auch ein Gegenstand entgegengehalten, greifen sie automatisch zu.

Ab einem Alter von etwa drei Monaten beginnen Babys dann, Gegenstände ganz bewusst zu greifen. Voraussetzung hierfür ist jedoch, dass ihre Sehfähigkeit dementsprechend entwickelt ist, da sie die Bewegung, die sie mit ihrer Hand ausführen, an das, was sie sehen, anpassen und damit Augen und Hände koordinieren müssen. Da dieser Entwicklungsschritt aber gar nicht so einfach ist und viel Übung benötigt, kann oftmals beobachtet werden, wie Babys in ihren ersten Lebensmonaten zwar nach Gegenständen greifen möchten, diese jedoch nicht erwischen. Erst ab dem Moment, indem Babys zielgenau greifen können, haben sie etwas über den Raum und seine Räumlichkeit gelernt – und dafür benötigen sie noch keinerlei Wissen darüber, dass es verschiedene Richtungen, wie rechts, rechts oben, links oder vorne links, gibt. Vielmehr wächst ihr Raumlageverständnis durch ihre Erfahrungen und die Erkenntnis, dass einige Dinge weiter von ihnen entfernt und andere dafür näher sind.

Leider zeigt sich immer wieder, dass viele Kinder Schwierigkeiten haben, sich im Raum zu orientieren. Dabei bezieht sich die Schwäche der räumlichen Orientierung nicht nur darauf, zum Beispiel den Klassenraum in der Schule zu finden oder sich nicht zu verlaufen, sondern auch darauf, eine bestimmte Seite in einem Buch zu finden, Handlungsanweisungen zu verstehen, einzelne Strukturen von Arbeitsaufgaben nachvollziehen zu können oder komplexe Situationen zu erfassen. Einige Kinder haben außerdem Schwierigkeiten mit den Monaten, den Jahreszeiten und dem Datum im Allgemeinen, weil sie Probleme haben, sich zeitlich zu orientieren. Andere Kinder leiden hingegen unter einer Rechts-Links-Schwäche, einer Vorne-Hinten-Schwäche oder aber einer Oben-Unten-Schwäche.

Zusammenhang Raumorientierung und Grafomotorik

Die einzelnen Schwächen der Raumorientierung wirken sich dabei wiederum auf das kindliche Lernen aus, da wir in unserem Kulturkreis sowohl von links nach rechts als auch von oben nach unten lesen und schreiben. Kinder mit diesen Schwierigkeiten haben dadurch also Probleme, beispielsweise die Buchstaben b, d, p und q voneinander zu unterscheiden. Außerdem kann eine Blockade oder Schwäche dazu führen, dass Kinder zwar gut lesen können, die gelesenen Inhalte jedoch nicht behalten oder überhaupt verstehen können. Zusätzlich haben einige Kinder eine fehlende oder zumindest mangelnde Auge-Hand-Koordination, was sichtbar im eigenen Schriftbild zum Ausdruck kommt. Die Schrift wirkt krakelig und die einzelnen Buchstaben tanzen auf den Zeilen des Papiers hin und her.

Kinder, die entweder Schwierigkeiten beim Rechnen haben oder denen es schwerfällt, Zahlen im Raum einzuordnen, leiden häufiger unter einer Rechts-Links-Schwäche. Diese Schwäche kommt darin zum Ausdruck, dass sich eine größer werdende Zahl dann im Hunderterfeld oder auf dem Zahlenstrahl zunehmend nach rechts bewegt. Eine Zahl, die immer kleiner wird, bewegt sich dementsprechend nach links. Zudem ist die Unterscheidung in vorne und hinten und oben und unten für das Rechnen zentral, damit sich Kinder orientieren und verschiedene Aufgaben lösen können.

Um die räumliche Orientierung von Kindern zu fördern, sollten sie immer wieder dazu aufgefordert werden, alltägliche Situationen zu beschreiben – den Sitzplan in der Schule, die Gegenstände und Objekte, die sich links und rechts von einem Weg befinden, oder reale Wegbeschreibungen im Kopf. Weiterhin sollten gezielte Orte und Punkte in der eigenen Umgebung gesucht werden. Diese einfache Methode ermöglicht es Kindern nämlich, sich zum einen zu merken, was in ihrer Umgebung vorhanden ist, und sich zum anderen immer wieder daran zu erinnern, wohin sie gehen oder gegangen sind. Dabei ist es jedoch wichtig, dass die Aufmerksamkeit der Kinder gezielt auf die gewählten Punkte gerichtet wird.

Zur Bestimmung der jeweiligen Richtung kann zudem ein Armband am linken oder rechten Arm helfen, an dem sich Kinder orientieren können.

Damit sich die Raumorientierung von Babys und Kleinkindern darüber hinaus gut entwickeln kann und sie diese regelmäßig trainieren können, müssen Erfahrungen mit der Raumtiefe gesammelt werden. Versuchen Babys beispielsweise, einen kleinen Ball zu greifen, können sie erkennen, dass der Gegenstand vor ihnen eine Dimension besitzt und damit eine räumliche Ausdehnung hat.

Im Allgemeinen fördert das regelmäßige und aktive Spielen und Experimentieren mit unterschiedlichen Gegenständen eine gute Raumlageorientierung. Weitere gezielte Übungen und Anwendungen finden sich außerdem im Kapitel „Gezieltes Fördermaterial" wieder.

Auf einen Blick:
Raumorientierung

- Fähigkeit, die eigene Umgebung inklusive ihrer Größen, Formen und Distanzen zu erkennen und uns bei der Orientierung, Bewegung und Positionierung im Raum zu unterstützen
- Relation zwischen eigenem Körper, anderen Menschen und Gegenständen
- Kinder entwickeln automatisch ein Raumlageverständnis
- Voraussetzung für eine gute Raumorientierung ist immer auch eine gut entwickelte Sehfähigkeit
- Raumlageverständnis wächst durch Erfahrungen und Erkenntnisse
- Schwierigkeiten können aufgrund von Rechts-Links-Schwäche, Vorne-Hinten-Schwäche oder Oben-Unten-Schwäche entstehen

Serialität

Unter dem Terminus Serialität wird die Fähigkeit verstanden, eine bestimmte Reihenfolge bzw. eine exakte Abfolge von Schritten festzulegen, ohne dass dabei etwas vergessen wird.

Serialität wird demnach zur

- Wahrnehmung,
- Verarbeitung,
- Speicherung und
- Wiedergabe

von **Reihenfolgen** benötigt.

Zusammenhang Serialität und Grafomotorik
Die Fähigkeit zur Serialität ist vor allem wichtig, um die Reihenfolge von gehörten oder gelesenen Buchstaben und Zahlen zu verstehen.

Darüber hinaus wird die Serialität immer dann gebraucht, wenn wir Arbeitsschritte festlegen, jemandem einen Vorgang beschreiben oder mehrere Aufträge nacheinander ausführen möchten, wie beispielsweise das Mathebuch aus der Schultasche zu holen, die Seite 75 aufzuschlagen und anschließend mit einem Bleistift die vierte Aufgabe zu bearbeiten. Die Fähigkeit zur Serialität ist demnach für eine genaue Arbeitsweise essenziell und dafür zuständig, dass wir nichts vergessen, während wir Dinge planen, und unsere Pläne und unsere Arbeit demnach vollständig abschließen und beenden können.

Grundsätzlich wird die Serialität in die visuelle und die akustische Serialität unterteilt, wobei beide Formen häufig zur selben Zeit gebraucht werden.

Visuelle Serialität

Visuelle bzw. optische Serialität nutzen wir immer dann, wenn wir uns eine Reihe logischer und sichtbarer Informationen merken und diese anschließend beschreiben und der Reihe nach ordnen möchten. Damit ist die visuelle Serialität also eine wichtige Voraussetzung, um gut lesen, schreiben und rechnen zu können. Hat ein Kind Schwierigkeiten, sich eine logische Reihe sichtbarer Informationen zu merken oder diese selbst zu bilden, kann das ein Anzeichen dafür sein, dass die visuelle Serialität nur unzureichend ausgeprägt ist. Kindern, die Probleme mit der visuellen Serialität haben, fällt es häufig schwer, Zahlenreihen bis zum Ende richtig auszuführen. Außerdem neigen sie oftmals dazu, Buchstaben zu vertauschen.

Akustische Serialität

Im Gegensatz zur visuellen Serialität wird die akustische Serialität immer dann benötigt, wenn wir uns die Abfolge von etwas Gehörtem merken und diese anschließend wiedergeben möchten. Kinder, die Schwierigkeiten haben, sich die Reihenfolge einzelner Buchstaben in einem Wort zu merken oder eine Zahlenfolge zu behalten und diese fehlerfrei aufzuschreiben, haben oftmals Defizite in ihrer akustischen Serialität.

Glücklicherweise kann die Serialität durch regelmäßige Übungen, in denen Kinder selbstständig

- logische Reihen bilden und damit die Entwicklung logischen Denkens unterstützen,
- Zahlenfolgen aufschreiben,
- Geschichten nacherzählen,
- Lieder mitsingen und
- Silben laut vorlesen,

gefördert werden. Währenddessen erkennen und lernen sie, Muster zu erkennen und diese eigenständig fortzusetzen.

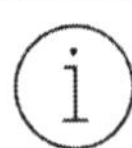

Gezieltes Fördermaterial (Kapitel „Gezieltes Fördermaterial") hilft den Kindern weiterhin, Zusammenhänge wahrzunehmen und diese hervorzuheben. Die Fähigkeiten, die mit einer gut ausgeprägten Serialität einhergehen, sind nicht nur für die schulischen Erfolge eines Kindes wichtig, sondern auch für viele Bereiche im täglichen Leben.

Auf einen Blick:
Serialität

- Fähigkeit, eine bestimmte Reihenfolge bzw. eine exakte Abfolge von Schritten festzulegen, ohne dass dabei etwas vergessen wird
- Wahrnehmung, Verarbeitung, Speicherung und Wiedergabe von Reihenfolgen
- Verständnis von Abfolgen gelesener oder gehörter Buchstaben und Zahlen
- Festlegung von Arbeitsschritten, Beschreibung von Vorgängen, Ausführung mehrerer, nacheinander folgender Aufträge
- visuelle Serialität: Fähigkeit, visuelle Eindrücke nach einer Abfolge zu ordnen
- akustische Serialität: Fähigkeit, sich die Abfolge von Gehörtem zu merken und diese wiederzugeben
- Schwierigkeiten können durch regelmäßiges Training kompensiert werden

GEDÄCHTNIS

Das **Gedächtnis**, das auch unter dem Terminus **Mnestik** bekannt ist, beschreibt die Fähigkeit des Nervensystems, **verschiedene Informationen aufzunehmen**, diese zu **speichern** und im Laufe des Lebens **erneut abzurufen.**

Das Gedächtnis stellt dabei die **Voraussetzung für jede unserer Verhaltensweisen** dar und steuert, auf Grundlage von Erfahrungen über vergangene Erlebnisse und gesammelte Eindrücke, sowohl unser gegenwärtiges als auch zukünftiges Verhalten. In Abhängigkeit der Art der aufgenommenen Informationen sowie der zeitlichen Periode der Informationsspeicherung lassen sich **drei verschiedene Arten des Gedächtnisses** einteilen bzw. lässt sich das Gedächtnis in drei Kategorien unterteilen:

- das **Ultrakurzzeitgedächtnis** (Millisekunden bis Sekunden)
- das **Kurzzeitgedächtnis** (Sekunden bis Minuten)
- das **Langzeitgedächtnis** (Jahre)

Zusammenhang Gedächtnis und Grafomotorik
Sobald die Bewegungsabläufe des Schreibens einmal automatisiert und langfristig sowie dauerhaft in unserem Gedächtnis gespeichert wurden, können wir diese immer wieder problemlos abrufen und ausführen.

Aus den drei Hauptkategorien der Gedächtnisarten setzt sich das sogenannte **Mehrspeichermodell** zusammen, das erläutert, inwiefern die Leistung unseres Gedächtnisses – also das Speichern, Lernen sowie das Wiederabrufen – stufenweise, durch das Zusammenspiel aus Ultrakurzzeit-, Kurzzeit- und Langzeitgedächtnis, funktioniert.

Das Ultrakurzzeitgedächtnis

Das Ultrakurzzeitgedächtnis, das auch als sensorisches Gedächtnis oder als Immediatgedächtnis bezeichnet wird, ist für die sofortige und unmittelbare Aufnahme einer Vielzahl unterschiedlicher Sinneseindrücke verantwortlich. Dabei werden die aufgenommenen Inhalte binnen weniger Millisekunden bis höchstens zwei Sekunden gespeichert. Diese Zeitspanne ist gerade so ausreichend, um erste wichtige Wahrnehmungen und eine erste Informationsverarbeitung zu ermöglichen und diese vom Ultrakurzzeitgedächtnis zum Kurzzeitgedächtnis weiterzuleiten, bevor diese anschließend direkt von neuen Informationen überschrieben werden.

Beispiel: Durch das Ultrakurzzeitgedächtnis sind wir beispielsweise in der Lage, uns die Inhalte von einem oder mehreren Sätzen, die wir gerade gelesen haben, so lange zu merken, bis wir diesen Satz bis zum Ende gelesen und ihn verstanden haben.

Da wir tagtäglich mit immens vielen verschiedenen Sinneseindrücken konfrontiert und überschüttet werden, müssen diese durch das sensorische Gedächtnis selektiert werden. Somit kommt dem Immediatgedächtnis also die Funktion zu, nach und nach wichtige und unwichtige Informationen zu sortieren.

Das Kurzzeitgedächtnis

Vom Ultrakurzzeitgedächtnis gelangen wichtige Informationen also in das Kurzzeitgedächtnis, das auch als Arbeitsgedächtnis bekannt ist. Durch das Kurzzeitgedächtnis gelingt es uns, wichtige Informationen bewusst zu verarbeiten und diese für einige wenige Minuten auch im Kopf zu behalten.

Beispiel: Wir können die einzelnen Zeilen eines Liedes auswendig lernen oder eine Nummer behalten, bevor wir sie aufschreiben.

Natürlich hat unser Arbeitsgedächtnis aber nur begrenzte Speicherkapazitäten, sodass wir jegliche Informationen, die wir uns über einen längeren Zeitraum merken möchten, von dort ins Langzeitgedächtnis übertragen müssen. Da nur die wichtigsten Informationen in das Langzeitgedächtnis überwandern, sollten Kinder neuen Lernstoff vor allem in den ersten zwei bis drei Tagen so häufig wie möglich wiederholen, um neu Erlerntes nicht direkt wieder zu vergessen.

Das Langzeitgedächtnis

Wenn wir im allgemeinen Sprachgebrauch über das Gedächtnis sprechen, meinen wir dabei in der Regel das Langzeitgedächtnis, das die Informationen, die wir länger behalten möchten, dauerhaft – mehrere Jahre oder sogar ein Leben lang – speichert. Der Umfang des Langzeitgedächtnisses variiert von Person zu Person verschieden stark.

Beispiel: Informationen, die auf Dauer im Langzeitgedächtnis gespeichert werden, sind dabei beispielsweise unsere Muttersprache, Fremdsprachen, Faktenwissen, Erinnerungen oder Fähigkeiten, die wir im Laufe unseres Lebens erworben haben (Fahrrad fahren, Schwimmen, Laufen).

Sobald wir etwas Neues gelernt und im Langzeitgedächtnis abgespeichert haben (Enkodierung), ist es wichtig, dass wir **immer wieder üben und wiederholen**, um das Erlernte zu festigen und gleichzeitig unser Gedächtnis zu trainieren. Je stärker wir diese Inhalte dabei mit anderem Wissen oder verschiedenen Emotionen verknüpfen, umso wahrscheinlicher ist es, dass diese Inhalte im Gedächtnis bleiben. Dass Gelerntes im Langzeitgedächtnis dauerhaft gespeichert werden kann, bedeutet jedoch nicht automatisch auch, dass wir die Inhalte immer wieder abrufen können, denn nicht genutztes Wissen verblasst ebenso wie eine Fremdsprache, die nicht regelmäßig gesprochen wird. Gerade Kinder sollten deshalb wichtige Unterrichtseinheiten, wie das Einmaleins oder die Rechtschreibung, permanent üben, damit sie es jederzeit abrufen können.

Das Langzeitgedächtnis kann außerdem in zwei weitere Formen, das **prozedurale (implizite) Gedächtnis** und das **deklarative (explizite) Gedächtnis**, untergliedert werden, wobei letzteres wiederum aus dem **semantischen** und dem **episodischen** Gedächtnis besteht.

Prozedurales Gedächtnis

Das prozedurale Gedächtnis wird auch als **Verhaltensgedächtnis** bezeichnet. Es speichert implizite Inhalte und umfasst das Lernen von automatisierten Fertigkeiten sowie Abläufen, die dann immer wieder ohne weiteres Nachdenken abgerufen und ausgeführt werden können, ohne dass diese sprachlich abgerufen werden können. Hierzu zählen beispielsweise das Binden von Schnürsenkeln oder das Autofahren. Weiterhin wird dem impliziten Gedächtnis das **perzeptuelle Gedächtnis** zugerechnet, das dafür verantwortlich ist, dass wir bestimmte Muster wiedererkennen können.

Deklaratives Gedächtnis

Im Gegensatz zum prozeduralen Gedächtnis wird das deklarative Gedächtnis auch als **Wissensgedächtnis** bezeichnet, da es konkrete und bewusst sprachlich abrufbare Ereignisse und Inhalte speichert. Darüber hinaus kann das deklarative Gedächtnis weiterhin in das episodische Gedächtnis und das semantische Gedächtnis unterteilt werden.

Das **episodische** Gedächtnis enthält dabei autobiografisches Wissen, also Ereignisse sowie Episoden unseres Lebens, und hilft uns dabei, uns beispielsweise an das Aussehen von Freunden oder Momente aus dem Urlaub zu erinnern.

Das **semantische** Gedächtnis speichert hingegen Fakten- und Allgemeinwissen, das von der eigenen Person unabhängig ist, also zum Beispiel die Tatsache, dass der Himmel blau oder Berlin Deutschlands Hauptstadt ist.

Doch wie funktioniert das Gedächtnis überhaupt und wie werden all die unzähligen Daten gespeichert? In unserem Gehirn befinden sich etwa 100 Milliarden Nervenzellen, die sich miteinander verbinden und bis zu 500 Billionen Verknüpfungen gestalten können. Die Verbindungsstellen, die auch als Synapsen bezeichnet werden, sind dabei das Ergebnis von vielen verschiedenen Lernprozessen, die das Fundament des Gedächtnisses bilden. Jedes Mal, wenn wir Erlerntes üben und wiederholen, nutzen wir diese Synapsen und verstärken sie dabei. Im Gegensatz dazu bauen sich die Synapsen, die nicht genutzt werden, mit der Zeit langsam ab, wodurch wir das einst erlernte Wissen sukzessiv vergessen.

In jeder Sekunde erreichen etwa zehn Millionen verschiedene Signale unserer Sinnesorgane unser Gehirn, die es aber nicht alle wert sind, gespeichert zu werden, oder ohne dass wir uns später an diese erinnern. Deshalb werden die Signale selektiert und die eingehenden Eindrücke in unterschiedliche Kategorien eingeteilt. Die Signale werden dabei zunächst in die Kategorien *bekannt* und *unbekannt* klassifiziert, bevor unser Gehirn die Entscheidung trifft, ob es die Eindrücke wert sind, um eingeprägt und im Gedächtnis behalten zu werden, damit wir diese zu einem späteren Zeitpunkt wieder abrufen können.

Da es für das Gedächtnis keine klar abgrenzbare Struktur im Gehirn gibt, ist für unsere Merkfähigkeit ein gesamtes Netzwerk an Nervenzellen zuständig, das sich über mehrere unterschiedliche Bereiche im Gehirn erstreckt und dabei häufig mehrere Strukturen im Gehirn zeitgleich aktiv sind. Obgleich eine genaue Abgrenzung der einzelnen Bereiche des Gehirns daher schwierig ist, lassen sich die jeweiligen Gehirnbereiche im Großen und Ganzen wie folgt zuordnen:

- Kurzzeitgedächtnis: präfrontaler Cortex
- Langzeitgedächtnis: Cortex + weitere einzelne subkortikale Bereiche
  - prozedurales Gedächtnis:
    Basalganglien, präfrontaler bzw. motorischer Cortex, Kleinhirn
  - episodisches Gedächtnis:
    rechter Temporal- und Frontalcortex, Kleinhirn
  - semantisches Gedächtnis:
    linker Temporal- und Frontalcortex, Kleinhirn

Der Hippocampus und das limbische System sind vor allem für die Speicherung von Gedächtnisinhalten wichtig. Außerdem ist das Kleinhirn für das Lernen von zentraler Bedeutung und die Amygdala, die den Bereich im Gehirn beschreibt, der an der Emotionsentstehung beteiligt ist, ist immer dann wichtig, wenn es um Inhalte geht, die mit einer emotionalen Komponente verknüpft sind.

Leiden wir unter **Gedächtnisstörungen**, die zum Beispiel infolge eines Traumas auftreten, sind sowohl Erinnerungs- als auch Merkfähigkeit beeinträchtigt. Tritt ein Gedächtnisverlust für die Zeitspanne vor einem spezifischen Ereignis auf, spricht man von **retrograder Amnesie**, wohingegen mit **anterograder Amnesie** der Gedächtnisverlust für die Zeitspanne nach einem Ereignis gemeint ist. Fällt das Kurzzeitgedächtnis aus, können sich Betroffene nicht an Ereignisse oder Gespräche erinnern, die direkt im Vorfeld geschehen sind, während Ereignisse, die teilweise mehrere Jahre zurückliegen können, genauestens in Erinnerung bleiben. Allerdings nimmt das Kurzzeitgedächtnis mit zunehmendem Alter automatisch ab, wobei sich Betroffene dann vorzugsweise auf Ereignisse konzentrieren, die lange zurückliegen.

Gedächtnisstörungen können jedoch nicht nur als Folge von äußeren Verletzungen, wie einem Schädel-Hirn-Trauma, auftreten, sondern sich auch aufgrund von inneren Verletzungen, wie Gefäßblutungen, herausbilden. Darüber hinaus sind degenerative Veränderungen, wie zum Beispiel Demenz oder Alzheimer, ebenso häufige Ursachen für Gedächtnisstörungen. Außerdem führen Alkohol und die Einnahme von Medikamenten zu einem gestörten Gedächtnis.

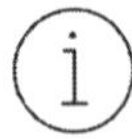

Damit das Gedächtnis von klein auf geschult und immer optimal gefördert wird, sollten Kinder ihr Gedächtnis, insbesondere mit Schuleintritt, immer wieder trainieren, beispielsweise mit gezielten Förderübungen (Kapitel „Gezieltes Fördermaterial“).

Auch die folgenden Tipps können dazu beitragen, die Gedächtnisleistung Ihres Kindes zu unterstützen:

- regelmäßiges Lesen des Lernstoffes – im Stehen, Sitzen und Gehen
- beim Lesen des Lernstoffes laut mitsprechen
- das Wichtigste aufschreiben
- Visualisierungen durch Farben und Formen
- Wiederholungen
- Gelerntes in eigenen Worten wiedergeben
- Skizzen und Notizen anfertigen
- Eselsbrücken bauen und Post-it-Zettel als Gedächtnisstütze nutzen
- Gespräche mit Freunden über den Lernstoff führen
- den Eltern vom Gelernten erzählen
- sich abfragen lassen

Trotz vielem Lernen, Üben und Wiederholen ist es aber ganz normal, dass wir im Laufe unseres Lebens so einige Dinge vergessen. Eine der Hauptaufgaben unseres Gedächtnisses ist schließlich das Vergessen und früher oder später würden wir verrückt werden, wenn wir uns an jedes kleine Detail erinnern könnten, das wir jemals wahrgenommen haben.

Auf einen Blick:
Gedächtnis

- Fähigkeit des Nervensystems, verschiedene Informationen aufzunehmen, diese zu speichern und im Laufe des Lebens erneut abzurufen
- Voraussetzung für jede unserer Verhaltensweisen
- Steuerung des gegenwärtigen und zukünftigen Verhaltens
- drei verschiedene Kategorien: Ultrakurzzeitgedächtnis, Kurzzeitgedächtnis, Langzeitgedächtnis -> Mehrspeichermodell
- Gedächtnisstörungen beeinträchtigen Merk- und Erinnerungsfähigkeit

Grafomotorik im Alltag fördern

Beweglichkeit und Tonusaufbau des Handgelenks

Grundsätzlich ist zum Schreiben, Malen oder aber beim Umgang mit dem Besteck eine isolierte Bewegung des Handgelenks notwendig, wobei die Bewegung lediglich vom Handgelenk selbst ausgeführt wird, ohne dass der Arm die Bewegung dabei unterstützt. Des Weiteren kommt sowohl dem Handgelenk als auch der Handkante beim Schreiben und Malen eine wichtige Stabilisierungsfunktion zu, weshalb Handgelenk und Handkante auf einer Unterlage, wie einem Tisch oder einem Heft, aufliegen sollten. Falsche und oftmals zu hohe Muskelspannungen oder ein inkorrektes und eingeschliffenes Bewegungsmuster im Gelenk können jedoch zu einer Verkrampfung des Handgelenks und damit einhergehend zu einer Haltung in der sogenannten Hakenstellung führen, wobei das Handgelenk zum Körper hin abgewinkelt wird. Durch die Verkrampfung des Handgelenks einerseits und der Hakenstellung andererseits wird eine korrekte Stifthaltung in der Folge oftmals verhindert. Vor allem linkshändige Kinder neigen häufig zur Hakenstellung, weil sie somit versuchen, die Tinte ihrer bereits geschriebenen Wörter nicht zu verwischen. Daneben verhindert auch das Abheben des Handgelenks von der Unterlage, häufig durch zu geringe Muskelspannung, schnelle und wechselnde Bewegungen, wodurch flüssiges und ausdauerndes Schreiben und genaues Malen erschwert wird.

Neben Verkrampfungen und abgehobenen Handgelenken beim Malen oder Schreiben lassen sich zudem immer wieder eingeschränkte Bewegungen im Handgelenk beobachten, wodurch Kinder ihr Handgelenk gar nicht in alle möglichen Richtungen bewegen. Im Zuge dessen halten sie ihr Handgelenk in nur einer, zumeist gebeugten Position und können die Bewegungsrichtungen mit dem Stift in der Hand somit nicht mehr ökonomisch ausführen. Außerdem leiden Kinder, deren Beweglichkeit im Handgelenk eingeschränkt ist, häufig unter Handgelenkschmerzen.

Förderung der Beweglichkeit der Handgelenke:
Die Handgelenkbeweglichkeit kann auf ganz natürliche Art und Weise im Alltag gefördert werden. Hierfür bieten sich zum Beispiel Fingerspiele, Lieder mit Hand- und Fingerbewegungen, kleinflächiges Malen und Zeichnen, das Balancieren von verschiedenen kleinen Gegenständen auf dem Handrücken oder das Öffnen sowie Verschließen von Schraubverschlüssen, Reißverschlüssen, Gürteln und Knöpfen an. Weiterhin sind Memory-Spiele, bei denen der Schwerpunkt auf der Handrotation liegt, das Drehen von Kreiseln oder runden Bierdeckeln sowie klassische Spiele wie Jenga, das Hämmerchen-Spiel und diverse Bastelbücher und Steckspiele wertvolle Methoden zur Schulung der Hand- und Fingerbeweglichkeit.

Beweglichkeit und Tonusaufbau der Fingergelenke

Eine isolierte, fließende, kräftige und gut koordinierte Fingerbeweglichkeit ist für alle fein- und grafomotorischen Tätigkeiten, insbesondere das Schreiben und die Stifthaltung, von zentraler Bedeutung. Aus diesem Grund lassen sich Schwierigkeiten bei fein- und grafomotorischen Tätigkeiten oftmals darauf zurückführen, dass Kinder beim Malen oder Schreiben in erster Linie ihr Handgelenk bewegen und die Beweglichkeit ihrer Fingergelenke im Zuge dessen vernachlässigen. Im Alltag kommt eine mangelhafte Beweglichkeit der Finger dann häufig darin zum Ausdruck, dass sich sämtliche Arten von Verschlüssen (Reißverschluss, Knöpfe, Gürtel) nur schwer schließen und öffnen lassen. Daneben führt mangelhafte Fingerbeweglichkeit aber oftmals auch zu Problemen beim Schneiden oder bei Papierfaltarbeiten.

Förderung der Beweglichkeit und des Tonusaufbaus der Fingergelenke:
Genau wie bei der Förderung der Handgelenkbeweglichkeit bieten sich für die Förderung der Beweglichkeit der Fingergelenke zum Beispiel Lieder mit Hand- und Fingerbewegungen, kleinflächiges Malen und Zeichnen oder das Öffnen sowie Verschließen von Schraubverschlüssen, Reißverschlüssen, Gürteln und Knöpfen an. Außerdem sind das Schnipsen von kleinen Papierkugeln oder verschiedene Fingerspiele, die gerne auch mit Schattenspielen kombiniert werden können, sowie klassische Spiele wie Packesel, Mikado, die Fädelraupe, Jenga oder zahlreiche Bastelbücher sowie Spiele zum Stecken wundervolle Förderungsmethoden für die Fingergelenkbeweglichkeit. Weiterhin unterstützen das Kneten von harter Knete, die Herstellung von Pizza- oder Plätzchenteig sowie das Malen auf einer Moosgummi-Unterlage den Tonus- und Kraftaufbau in den Fingern.

Beweglichkeit und Tonusaufbau der Schulter- und Ellbogengelenke

Damit einzelne fein- und grafomotorische Handlungen, wie zum Beispiel das Schreiben, Malen, das Fangen sowie Werfen eines Balls oder das An- und Ausziehen von Kleidung, ausgeführt werden können, ist eine freie Beweglichkeit der Schulter- und Ellbogengelenke Grundvoraussetzung. Leider halten einige Kinder sowohl Schultern als auch Ellbogen beim Ausführen fein- und grafomotorischer Handlungen unbeweglich, steif und fixiert und pressen darüber hinaus ihre Oberarme vereinzelt an den Körper. Diese Unbeweglichkeit in Schulter- und Ellbogengelenken führt in der Folge nicht nur zu Schwierigkeiten in der Motorik, sondern kann, aufgrund von unangepassten Muskelspannungen, Schmerzen im Nacken oder den Schultern hervorrufen und damit alltägliche Aufgaben zusätzlich erschweren.

Förderung der Beweglichkeit und des Tonusaufbaus der Schulter- und Ellbogengelenke:

Grundsätzlich wird die Bewegungsausführung aus den Schulter- und Ellbogengelenken beim großflächigen Malen und Zeichnen gefördert, wohingegen kleinflächiges Malen und Zeichnen mit einer hohen Hand- und Fingergelenk-Koordination einhergeht. Darüber hinaus fördern Spiele oder Übungen in Bauchlage, bei denen sich die Kinder mit ihren Ellenbogen aufstützen (zum Beispiel Puzzeln oder Lesen) oder das Klettern den Tonus- und Kraftaufbau in den Schulter- und Ellenbogengelenken. Eine lustige Floßfahrt, bei der ein umgedrehter Teppich als Floß dient, auf das sich das Kind setzt und sich anschließend an einem Seil, das an einem Balken oder Geländer festgeknotet ist, vorwärtszieht, kräftigt die Schultern ebenso und öffnet zusätzlich die Hände.

Kraftdosierung

Damit wir verschiedene Gegenstände in unseren Händen halten können, benötigen wir Kraft, die, je nach Tätigkeit, unterschiedlich stark ausgeprägt sein sollte. Für fein- und grafomotorische Tätig- und Fähigkeiten ist die Kraftdosierung dabei essentiell. Kinder, deren Hand- und Fingerkraft nur unzureichend ausgeprägt sind, haben oftmals Schwierigkeiten bei kraftvollen feinmotorischen Tätigkeiten oder Defizite bei grafomotorischen Aufgaben, wie etwa der Stifthaltung oder dem Schreiben. Häufig lässt sich beobachten, dass die fehlende Kraft in den einzelnen Fingern dadurch kompensiert wird, dass der Stift gleich mit mehreren Fingern gehalten wird und nicht nur durch Daumen und Zeigefinger Stabilität erfährt. Manche Kinder neigen jedoch auch dazu, zu viel Kraft und Druck beim Schreiben auszuüben, wobei der hohe Kraftaufwand oftmals mit Ermüdung und Schmerzen in den Händen, Fingern und Gelenken einhergeht.

Förderung der Kraftdosierung:

Üben Kinder beim Schreiben oder Malen zu viel Druck auf dem Papier aus, kann es helfen, ein Handtuch unter ein Blatt Papier zu legen, wobei das Kind versuchen muss, etwas zu schreiben oder zu malen, ohne dass es dabei Löcher in das Papier macht oder dieses einreißt. Malt und schreibt das Kind im Gegensatz dazu sehr zart und kaum sichtbar, drückt es zu locker auf. Hierbei kann es helfen, Blaupauspapier zwischen zwei normale Papierblätter zu legen. Auf dem oben liegenden Blatt malt oder schreibt das Kind anschließend und achtet währenddessen darauf, fest genug aufzudrücken. Das Blaupauspapier verrät am Ende, ob die Kraftdosierung dieses Mal besser gelungen ist oder ob das Kind noch ein wenig mehr üben muss.

Da eine angemessene Kraftdosierung jedoch nicht nur zum Malen oder Schreiben, sondern auch bei alltäglichen Tätigkeiten gebraucht wird, kann die Kraftdosierung weiterhin durch das Kneten, das Ausschneiden, durch Knüllbilder, Backen, Stempeln oder Murmelspiele gefördert werden.

Die Stifthaltung und der Stiftdruck

Der richtigen Stifthaltung kommt eine wesentliche Bedeutung zu, da sie nicht nur ausdauerndes Schreiben ohne Ermüdungserscheinungen, Verkrampfungen oder Schmerzen in den Gelenken erlaubt, sondern darüber hinaus auch eine schöne, saubere und leserliche Handschrift ermöglicht. Der angestrebte Fingergriff für eine korrekte Stifthaltung ist dabei grundsätzlich der Drei-Punkt-Griff, der auch Pinzettengriff genannt wird. Einerseits ermöglicht der Drei-Punkt-Griff eine gute Fixierung des Stiftes, andererseits erlaubt er eine maximale Beweglichkeit sowie eine flüssige Bewegung beim Schreiben. Beim Drei-Punkt-Griff ruht der Stift auf dem vorderen Glied des Mittelfingers und wird gleichzeitig von Daumen und Zeigefinger gehalten.

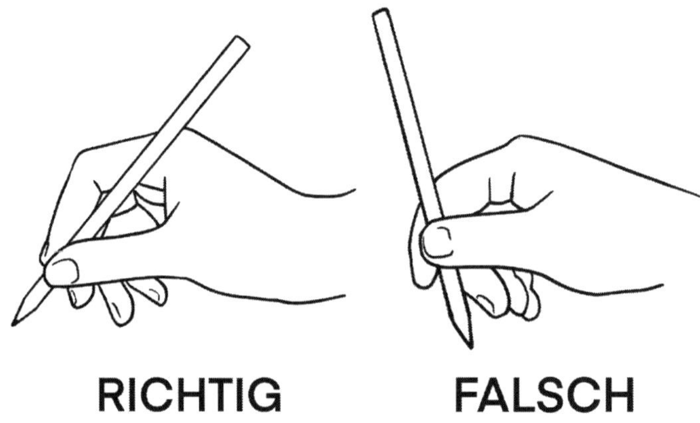

Der Stiftdruck sollte so dosiert sein, dass längeres Arbeiten auf der einen Seite ohne Ermüdung der Hand einhergeht und der Strich auf der anderen Seite gut erkennbar ist. Leider drücken einige Kinder mit ihrem Stift so stark auf das Papier auf, dass der geschriebene Strich sogar auf der Unterlage unter dem Papier sichtbar ist. Entweder fehlt ihnen die Geläufigkeit der Bewegung oder aber sie drücken ihre Fingergelenke teilweise so stark durch, dass sich die Kuppen von Zeigefinger und Daumen weißlich verfärben. Im Gegensatz dazu gibt es andere Kinder, die so eine geringe Muskelspannung oder so wenig Kraft in Fingern, Händen und Armen haben, dass sie nur sehr zarte und kaum sichtbare Linien auf dem Papier hinterlassen.

Damit die einzelnen Bewegungen beim Schreiben aber nicht nur erkennbar und deutlich, sondern auch flüssig ausgeführt werden können, ist neben der korrekten Stifthaltung und dem richtigen Stiftdruck auch ein angemessener Abstand zwischen den Fingern und der Stiftspitze wichtig. Dieser sollte ungefähr zwei Zentimeter betragen, damit die Striche und Wörter nicht von den eigenen Fingern verdeckt werden.

Förderung der Stifthaltung und des Stiftdrucks:
Zur Förderung von Stifthaltung und Stiftdruck eignen sich die verschiedensten Materialien, wie Perlen, Murmeln, Linsen, Erbsen, Münzen, Knöpfe, Büroklammern oder Bügelperlen, die die Kinder fädeln, stecken, fühlen oder sortieren können. Außerdem sollten Kinder zunächst mit Blaupapier und dicken Stiften, die idealerweise eine Dreikantform besitzen, oder Wachsmalstiften in Tropfenform schreiben und malen, um das Fundament für den Drei-Punkt-Griff zu legen. Daneben kann der Pinzettengriff geübt werden, indem Kinder mit einer selbstgebastelten Pinzette hantieren. Dafür wird ein Korken am oberen Ende zwischen zwei Essstäbchen gesteckt und anschließend mit einem Gummi fixiert. Mit ihrer selbst gebastelten Pinzette können die Kinder dann zum Beispiel einzelne Wattebäusche vom Tisch in eine Schüssel befördern, wobei sie die Pinzette natürlich nur im Drei-Punkt-Griff halten sollten.

Spielend leichte Förderung

Das Spiel als das natürlichste Verhalten des Kindes

Obgleich sich grafomotorische Fähigkeiten auf sehr viele verschiedene Arten fördern und trainieren lassen, sind Kinder insbesondere für spielerische Angebote sehr empfänglich. Beim Spielen eignen sich Kinder die Welt an. Sie bestimmen eigenständig, mit wem und wann sie spielen möchten, und treffen selbstbestimmte Entscheidungen, bei denen sie ihren eigenen Interessen, Wünschen und Bedürfnissen folgen können. Mag die Sinnhaftigkeit des Spiels für Erwachsene dabei nicht immer direkt nachvollziehbar sein, ist das Spiel für Kinder ein wundervolles und grundlegendes Recht, emotionale und soziale Kompetenzen zu knüpfen, Grenzen zu erfahren, an Herausforderungen zu wachsen und die eigene Kreativität zu fördern. Jeden Tag entdecken Kinder neue Dinge, die sie bislang noch nicht kannten – Dinge, die sie zuvor noch nie gesehen, gerochen, gefühlt, geschmeckt oder gehört haben.

Im Spiel können Kinder ihrer Fantasie freien Lauf lassen. Das Ausprobieren, Kombinieren und Konstruieren von verschiedenen Materialien und unterschiedlichen Gegenständen öffnet Kindern neue Türen und schenkt ihnen damit unzählige Spiel- und Lernerfahrungen, aus denen sie neue Erkenntnisse gewinnen können. Einzelne Bauklötze verwandeln sich in architektonische Meisterwerke, die zwar einsturzgefährdet sein mögen, den Kindern dann aber wiederum die Möglichkeit bieten, Neues auszuprobieren und die einzelnen Steine kreativ zu einem anderen Bauwerk zusammenzusetzen, aus dem vielleicht irgendwann ein großes Schloss mit riesigen Türmen entsteht.

Im Allgemeinen setzen sich Kinder beim Spielen mit verschiedenen Phänomenen auseinander und können ihre natürliche Neugier füttern. Sie erweitern ihr eigenes Vorstellungsvermögen sowie ihre kreativen Denkmuster. Dabei können die alltäglichsten Entdeckungen zu wichtigen und wertvollen Bildungsmomenten werden. So mag das Händewaschen nach dem Essen auf den ersten Blick wie kindliches Planschen aussehen, stellt in Wahrheit jedoch die Auseinandersetzung mit mehreren verschiedenen Phänomenen dar. Wo kommt das Wasser eigentlich her? Wie gelangt es in den Hahn? Was geschieht, wenn man den Hahn zuhält? Wo geht das Wasser nach dem Händewaschen hin und wie hört und fühlt es sich eigentlich an? Das Spiel mit dem Wasser gibt Kindern dabei wichtige Antworten auf all ihre Fragen, wobei bei jedem Händewaschen neue Fragen hinzukommen und wieder neue Antworten gefunden werden – so gewinnen Kinder jedes Mal aufs Neue informative und wichtige Erkenntnisse. Das Spiel ermöglicht Kindern jedoch nicht nur, verschiedene Phänomene wahrzunehmen und Antworten auf ihre eigenen Fragen zu finden. Beim Spielen nehmen sie sich selbst und ihre vielfältigen *individuellen* Fähigkeiten wahr. Sie erleben sich selbst, entdecken ihre eigenen Interessen, sammeln ganz selbstständig neue Erfahrungen, bewältigen Herausforderungen und testen ihre eigenen Grenzen aus.

Ob nun das Spiel allein oder mit anderen, ob drinnen im Kinderzimmer oder draußen an der frischen Luft, ob mit Spielsachen oder bloß mit der reinen Fantasie – zu spielen bedeutet immer auch, dass Kinder planen, entdecken, denken, reden, ausprobieren und nicht zuletzt auch lernen können. Beim Spielen lernen Kinder subtil, dafür aber mit unheimlich viel Spaß und Freude, **wichtige grob-, fein- und grafomotorische Fähigkeiten** kennen und schulen – und fördern diese somit ganz gezielt. Sie setzen sich sowohl intensiv als auch aktiv mit ihrer Umwelt und sich selbst auseinander, weshalb das Spiel die ideale Voraussetzung legt, um in allen Bereichen der kindlichen Entwicklung erfolgreich zu lernen.

Im Spiel entdecken Kinder ihre eigene Identität und entwickeln ihre Persönlichkeit weiter. Sie lernen ihre Stärken und Schwächen kennen, entdecken ihre Fähigkeiten und ihre Grenzen. Abstrakte Begriffe wie Zusammenarbeit, Empathiefähigkeit, Ehrgeiz und Rücksichtnahme bekommen Farbe und lassen die sprachlichen und sozialen Kompetenzen weiter anwachsen. Kinder lernen, anderen zuzuhören, nach Regeln zu handeln und zwischenmenschliche Beziehungen auszugestalten. Wenn Konflikte auftreten sollten, hilft das Spiel außerdem dabei, verschiedene Lösungsstrategien zu erproben.

Darüber hinaus entspringt eine Vielzahl von Fähig- und Fertigkeiten, die für eine erfolgreiche Lebensgestaltung zentral sind, intensiven Erfahrungen im Spiel. Durch aktives Handeln beim Spielen lernen die Kleinen unter uns die Welt, in der sie leben, Stück für Stück besser kennen. Sie erweitern ihren eigenen Horizont und ihr persönliches Weltwissen sukzessiv. Neben allgemeinem Wissen über Begriffe, Gegenstände, Materialien und Funktionsweisen, stärken Kinder dabei insbesondere ihre Alltagskompetenz – womit die Fähigkeit gemeint ist, Herausforderungen des Alltags zu verstehen und diese zu bewältigen. Vor allem bei Rollenspielen widmen sich Kinder vorzugsweise Themen, die mit ihren täglichen Erlebnissen in Verbindung stehen und ihren Alltag widerspiegeln. Auf der anderen Seite können sie sich bei Rollenspielen in Situationen begeben, die es in der Realität womöglich gar nicht gibt. Im Spiel sind sie etwas oder jemand ganz anderes und haben dabei ein eigenes Rollenbild, füllen es mit Leben und konstruieren die Welt nach ihren eigenen Vorstellungen.

Neben den etwas offensichtlicheren Förderaspekten findet sich beim Spielen außerdem viel soziales Lernen wieder, da Kinder lernen, sich an Regeln und Abfolgen im Spiel zu halten. Das Gewinnen und Verlieren im Spiel lehrt Kinder zudem, Freude bei Siegen zu empfinden, mit Niederlagen umgehen zu können und die eigene Frustrationstoleranz zu steigern.

Kinder erwerben im Spiel also eine ganze Reihe elementarer Voraussetzungen für ihr zukünftiges Leben, zu denen beispielsweise Selbstständigkeit, Kreativität und Konzentrationsfähigkeit gehören. Spiele, bei denen der Fokus auf dem Bauen und Konstruieren liegt, fördern darüber hinaus das logische Denken und das Abstraktionsvermögen, wohingegen Kaufladenspiele das mathematische Verständnis schulen. Im Gegensatz dazu verlangen Regelspiele eine hohe Frustrationstoleranz und viel Anstrengungsbereitschaft ab, wobei beide Kompetenzen zumeist erst im Vorschulalter erworben werden.

Möchten Eltern eine hochwertige und spielerische Umwelt schaffen, die den Lernprozess ihres Kindes anregt, ist es in erster Linie wichtig, dass Kinder immer genügend Zeit zur Verfügung haben, um sich frei zu beschäftigen und sie, ganz losgelöst von Erwartungen oder äußeren Zwängen, sie selbst sein dürfen. Spielsachen sollten immer darauf ausgelegt sein, sowohl die Kreativität zu fördern als auch die Fantasie anzuregen, anstatt diese einzuengen. Häufig bevorzugen Kinder dabei sogar Spielzeug, das auf den ersten Blick wertlos erscheint, sich dafür aber auf vielfältige Art und Weise verwenden lässt. Insbesondere alltägliche Gegenstände sind hierbei oftmals wertvolle Spielsachen. Natürlich sollten Eltern dem Spiel ihres Kindes auch ernst gemeintes Interesse entgegenbringen, um Kreativität, Interesse und Selbstvertrauen des Kindes zu stärken. Letztendlich ist sicherlich immer auch das gemeinsame Spiel zwischen Kindern und Eltern in jedem Alter eine wundervolle Quelle von Spaß und Freude.

Das Spiel ist ein Gemeinschaftserlebnis, das nicht nur das Miteinander stärkt, sondern auch Freundschaften festigt. Spielerisches Lernen erleichtert dabei nicht nur die Vermittlung wichtiger Fähigkeiten, sondern auch das regelmäßige Üben, da Kinder zumeist gar nicht bemerken, dass sie gerade dabei sind, wichtige Dinge zu lernen.

Spielen und Grafomotorik

Da Kinder die Umwelt mit all ihren Sinnen begreifen, gehört sowohl das Ertasten als auch das Umklammern von Personen und Gegenständen zum Erfahrungsschatz, den sich Kinder bereits in den ersten Jahren ihres Lebens aneignen und immer wieder erweitern. Tastspiele, wie beispielsweise ein Fühl-Memo, bieten dabei besonders wertvolle Anreize, die Hände zum Sammeln wichtiger Erfahrungen zu nutzen. Zudem dienen auch andere Spiele mit Knete oder Sand, Bastelarbeiten oder Fingerspiele zur Förderung des taktilen Empfindens und unterstützen darüber hinaus zentrale grundlegende Kompetenzen der grafomotorischen Entwicklung. Aus entwicklungspädagogischer Perspektive sind aber auch ganz simple und alltägliche Tätigkeiten, wie

- Malen und Ausmalen,
- Basteln,
- Fädeln,
- Kleben,
- Schneiden,
- Kneten,

- Backen,
- Sticken,
- Knoten,
- Knüpfen,
- Stecken,
- Stempeln,
- Puzzeln,
- Murmeln oder Bauen,

unheimlich wertvoll.

Zusätzlich eignet sich jegliche Form des Ballspiels zur Förderung der Grafomotorik, da Ballspiele alle grafomotorischen Anforderungen beinhalten. Hierzu gehören unter anderem

- die Auge-Hand-Koordination (Verfolgung der Flugbahn, Schlag, Wurf und Fangen des Balls),
- die Dosierung der Kraft,
- die körperliche Haltung und Anspannung je nach Spielvorgabe,
- die Beweglichkeit der Gelenke sowie
- die taktile Wahrnehmung durch Beschaffenheit und Größe des Balls.

5 Tolle Spielideen

Das Memo-Spiel

Das Memo-Spiel ist ein wahrer Klassiker und eines der beliebtesten Spiele für Kinder. Dabei muss der Spieler, der an der Reihe ist, versuchen, zwei zusammengehörende, verdeckte Paare zu erkennen. Sobald ein Paar gefunden wurde, darf der Spieler erneut versuchen, ein weiteres Paar ausfindig zu machen.

Fördert? Neben viel Spaß und Freude bringt das Memo-Spiel aber auch einen wichtigen Lerneffekt mit sich und schult insbesondere die Wahrnehmung, die Motorik sowie das Gedächtnis von Kindern.

Variante 1: Das Fühl-Memo

benötigte Materialien:
- Pappe oder Tonpapier
- Kleber
- Augenbinde
- Tuch oder Kiste
- verschiedene Materialien zum Kleben, z. B. Luftballons, Watte, Pompons, Wäscheklammern, Muscheln, Federn, Perlen, Legosteine, Pailletten

Anleitung:

1. Zunächst wird die Pappe bzw. das Tonpapier in gleich große Quadrate geschnitten, wobei pro ausgewähltem Motiv immer zwei Quadrate ausgeschnitten werden müssen.
2. Anschließend werden immer zwei Quadrate mit den jeweils gleichen Materialien beklebt.

Spielablauf:

Für das Fühl-Memo wird ein Moderator benötigt, der die einzelnen Karten gut gemischt entweder unter einem Tuch ausbreitet oder diese in einer Kiste verteilt. Dem Kind werden nun die Augen mit einer Augenbinde verbunden. Alternativ kann es die Augen natürlich auch einfach geschlossen halten. Wie beim klassischen Memo-Spiel sucht sich das Kind anschließend die erste Karte aus, tastet sie ab und befühlt das aufgeklebte Material. Anschließend versucht es, die dazugehörige zweite Karte zu finden.

Wird das Memo-Spiel mit mehreren Kindern gespielt, versucht das erste Kind, ein passendes Paar zu finden. Findet es das passende Paar und holt es aus der Kiste oder unter dem Tuch hervor, darf es sein Glück erneut versuchen. Sollten die Karten aber nicht zusammenpassen, darf sich das nächste Kind auf die Suche nach einem Paar machen.

Variante 2: Das Riech-Memo

benötigte Materialien:
- kleine Behälter
- Augenbinde
- verschiedene Materialien zum Riechen, z. B. Gewürze, Teebeutel, Obstschalen, Kräuter, Wachsmalstifte, Blüten, geruchsintensive Flüssigkeiten

Anleitung:

1. Zu Beginn sollten die Behälter blickdicht verklebt werden, damit man nicht schon von außen erkennen kann, welche Materialien sich darin verbergen.
2. Anschließend werden immer zwei Behälter mit den jeweils gleichen Materialien befüllt und dann verschlossen.

Spielablauf:

Genau wie beim Fühl-Memo ist es auch beim Riech-Memo sinnvoll, die Augen des Kindes zu verschließen, bevor aus allen Behältern einer ausgewählt wird, den es im Anschluss beschnuppert. Wenn das Kind gründlich am ersten Behälter gerochen hat, sucht es unter den verbleibenden nach dem dazugehörigen Geruch. Neben dem Riechen ist es natürlich außerdem erlaubt, die Behälter zu schütteln, da die verschiedenen Füllungen unterschiedliche Geräusche erzeugen.

Die Nussschalenkastagnetten

Das Spiel mit den Nussschalenkastagnetten kann entweder alleine, zu zweit oder in einer Gruppe gespielt werden, wobei jedes Kind mindestens zwei Nussschalen mit Gummifaden aneinander klopft.

Fördert? Grundsätzlich können Kinder durch diese Spielform unterschiedliche Bewegungserfahrungen ihrer einzelnen Finger sammeln und dabei sowohl ihre Finger- und Handmotorik als auch ihre auditive Wahrnehmung, eine angemessene Kraftdosierung sowie ihr Gedächtnis schulen.

benötigte Materialien:
- Nussschalen
- Gummifaden

Spielablauf:

Zu Beginn des Spiels nehmen sich alle spielenden Kinder jeweils zwei Nussschalen zur Hand und streifen diese über den Zeigefinger und den Daumen. Anschließend können die Kinder mit den Nussschalen entweder einfache Rhythmen nachklopfen, Lieder mit den Schalen klappernd begleiten oder sich plappernde Geschichten erzählen. Falls vorhanden, kann es für die Kinder lustig und herausfordernd zugleich sein, mit mehreren Nussschalen auf möglichst vielen Fingern zur selben Zeit zu klappern und dabei mit beiden Händen gleichzeitig zu spielen.

Sollte das Zusammenführen von Zeigefinger und Daumen bei den Kindern, zum Beispiel aufgrund des Alters, noch nicht ganz so gut gelingen, kann jedes Kind natürlich auch erst mit einer Nussschale auf jedem Finger beginnen und damit auf den Boden, einen Stuhl oder den Tisch klopfen.

Wenn die Kinder dann schon ein wenig geübt sind, kann die Übung natürlich auch etwas erschwert werden. Dafür können Sie den Kindern zum Beispiel einige Wortrhythmen vorgeben, die sie anschließend nachsprechen und nachklappern sollen – beispielsweise: Ka – ra – mell oder Pud – ding. Wenn die Kinder die Bewegungen ihrer einzelnen Finger an die vorgegebene rhythmische Struktur anpassen müssen, wird ihnen eine differenzierte Steuerung der Fingerbewegung abverlangt.

Fingerfußball

Fingerfußball ist fast wie richtiges Fußball, wobei hier mit den Fingern anstatt den Füßen und mit Papierbällen anstelle von richtigen Fußbällen gespielt wird.

Fördert? Beim Fingerfußball wird sowohl die Muskulatur der Hände und Finger trainiert als auch die Auge-Hand-Koordination, die visuelle Wahrnehmung, die Koordination sowie die Kraftdosierung geschult, die für eine gute Stiftführung und damit für eine reibungslose Handschrift zentral sind.

benötigte Materialien:
- buntes Papier mit verschiedenen Mustern
- zwei Plastikbecher

Anleitung:

1. Bevor das Papier in kleine Stücke gerissen wird, sollte sich das Kind zunächst sein Lieblingspapier aussuchen dürfen. Je kleiner das Kind dabei ist, umso dünner sollte das Papier sein.
2. Nachdem das Papier in kleine Stücke gerissen wurde, rollt das Kind daraus kleine Kugeln, wobei bei kleineren Papierschnipseln eine feinere Koordination und bei größeren Papierschnipseln etwas mehr Kraft zum Formen benötigt wird.
3. Zuletzt werden zwei Plastikbecher, als Tor, in einem Abstand von etwa 30 cm aufgestellt, in das das Kind nun die selbstgemachten Bälle schnipsen kann.

Feuer, Wasser, Blitz, Sturm und Eis

Feuer, Wasser, Blitz, Sturm und Eis ist ein beliebtes Kinderspiel, das oftmals zur Erwärmung im Sportunterricht in der Schule gespielt wird, sich aber auch wunderbar in den eigenen vier Wänden umsetzen lässt.

Fördert? Bei dem Spiel werden hauptsächlich die Merk-, Orientierungs- und Reaktionsfähigkeit der Kinder geschult. Je nach Zusatzaufgabe oder Variation werden zudem speziell die grafomotorischen Fähigkeiten der Kinder gefördert, wie zum Beispiel beim Dribbeln eines Balls.

benötigte Materialien:

- Gegenstände, auf die gestiegen, gegangen, gesprungen oder geklettert werden kann, z. B. Turngeräte, Hocker, Kasten, Bank, Couch, Stuhl, Matte, Bett.
- Gegenstände, an denen sich festgehalten werden kann, z. B. Schrank, Tür, Regal, Sprossenwand, Tisch.

Spielablauf:

Zunächst werden verschiedene Turngeräte oder alternativ alltägliche Gegenstände im Raum verteilt und aufgebaut. Anschließend bewegen sich alle Kinder frei im Raum und laufen kreuz und quer durcheinander. Nebenbei können die Bewegungen der Kinder außerdem mit Hintergrundmusik begleitet werden. Irgendwann ruft ein Moderator, zum Beispiel ein Elternteil, ein Kommando in den Raum, wobei auf jedes Kommando eine bestimmte Aktion ausgeführt werden soll.

- **Kommando Feuer:** Wird das Kommando Feuer gerufen, müssen alle Kinder zur Tür laufen und sich zu zweit nebeneinander aufstellen.
- **Kommando Wasser:** Beim Kommando Wasser gehen, steigen oder springen die Kinder auf ein im Vorfeld aufgebautes Turngerät bzw. einen Gegenstand im Raum, zum Beispiel auf eine Matte, einen Kasten, eine Bank, einen Hocker oder einen Stuhl.
- **Kommando Blitz:** Ertönt das Kommando Blitz, legen sich alle Kinder möglichst flach auf den Boden, um nicht vom Blitz getroffen zu werden.
- **Kommando Sturm:** Wird das Kommando Sturm gerufen, müssen sich die Kinder entweder an einem Gegenstand, zum Beispiel einem Schrank, der Tür, einem Regal oder der Sprossenwand, oder aber an einem anderen Kind festhalten, um nicht davonzufliegen.
- **Kommando Eis:** Beim Kommando Eis frieren die Kinder ein und müssen in ihrer Position verharren.

Das Kind, das die jeweilige Anweisung als Letztes ausführt, muss eine kleine zusätzliche Aufgabe erfüllen, zum Beispiel eine sportliche Aufgabe (Hampelmann oder Liegestütze) oder eine Aufgabe, die die motorischen Fähigkeiten fördert (Zahlen nachmalen, etwas ausschneiden oder Perlen auffädeln). Im Anschluss laufen die Kinder wieder frei durchs Zimmer und warten auf das nächste Kommando.

Tipp: Gerne können die Kommandos variiert und ausgetauscht werden. Daneben kann auch der Laufstil der Kinder verändert werden, zum Beispiel: Fortbewegung im Hopserlauf, auf einem Bein springen, Krabbeln oder im Krebslauf fortbewegen. Außerdem könnten die Kinder beim Laufen einen Ball dribbeln, um vor allem ihre grafomotorischen Fähigkeiten verstärkt zu fördern.

Ringe werfen

Das Ringewerfen ist ein wahrer Klassiker unter den Geschicklichkeitsspielen, das sich bei Kindern großer Beliebtheit erfreut.

Fördert? Dabei sorgt das Ringewerfen aber nicht nur für jede Menge Spielspaß, sondern fördert gleichzeitig auch die Konzentrationsfähigkeit, die Koordination sowie die motorische Geschicklichkeit der Kinder.

benötigte Materialien:
- mehrere leere Plastikflaschen
- Wasser
- Einmachgummis oder Ringe

Anleitung:

1. Befüllen Sie die Plastikflaschen bis obenhin mit Wasser und stellen Sie sie anschließend entweder in einer Reihe oder als Figur, zum Beispiel als Quadrat oder Kreis, auf.

2. Nun stellen sich die Kinder, entsprechend ihrem Alter und ihrer Treffsicherheit, einen bis zwei Meter hinter der Linie auf und versuchen nun, die Einmachgummis um die Flaschen zu werfen.

Tipp: Natürlich kann das Ringewerfen auch als kleiner Wettbewerb unter den Kindern ausgetragen werden.

3 TOLLE DIY-IDEEN FÜR SPIELMATERIALIEN

Knete

Fördert? Nicht nur das Spiel, sondern auch die Herstellung von Knete ist eine hervorragende Methode, um insbesondere die Wahrnehmung sowie die fein- und grafomotorischen Fähigkeiten von Kindern zu fördern sowie die Finger- und Handmuskulatur zu stärken und damit eine wichtige Grundlage für die Entwicklung der Schreibmotorik zu legen. Durch die gemeinsame Herstellung der Knete trainieren Kinder außerdem ihre Handlungsplanung und sammeln wichtige Erfahrungen mit Mengenangaben und unterschiedlichen Zutaten. Das anschließende Spielen wirkt zudem beruhigend und konzentrierend.

benötigte Materialien:
- 500 ml heißes Wasser
- 400 g Mehl
- 200 g Salz
- 3 EL Speiseöl
- 2 EL Zitronensäure
- Lebensmittelfarbe
- Schüssel
- Rührlöffel
- Schraubglas

Anleitung:

1. Geben Sie Mehl, Salz und Zitronensäure in eine große Schüssel und vermengen Sie die Zutaten gut miteinander.
2. Anschließend vermischen Sie das Speiseöl mit dem heißen Wasser und der Lebensmittelfarbe.
3. Fügen Sie die Flüssigkeit hinzu und rühren Sie alles nach und nach gut unter.
4. Sobald die Zutaten vermischt und nicht mehr heiß sind, wird alles so lange mit den Händen verknetet, bis eine gleichmäßige Masse entstanden ist.
5. Zuletzt sollte die fertige Knete luftdicht in einem Schraubglas verschlossen und kühl gelagert werden.

Tipp: Möchten Sie die Knete direkt in mehreren verschiedenen Farben herstellen, kann die Lebensmittelfarbe in unterschiedlichen Farben auch im Anschluss in einzelne Knetportionen eingearbeitet werden. Wird die Lebensmittelfarbe auf diese Art und Weise verarbeitet, färbt sie jedoch stark ab, sodass am besten Handschuhe verwendet werden sollten.

Neben der Lebensmittelfarbe kann gerne auch mit ein wenig Glitzerpulver gearbeitet werden, das zu Beginn einfach unter das Mehl gehoben wird. Auch die Zugabe von Duftöl ins Wasser ist eine tolle Bereicherung für die selbstgemachte Knete.

Knetball

Fördert? Knetbälle sind nicht nur unter Kindern und Erwachsenen beliebt, sondern gleichzeitig auch ein wundervolles Bastelprojekt aus der Ergotherapiepraxis. Knetbälle lassen sich dabei super schnell und einfach herstellen und benötigen nicht einmal viele Materialien. Die fertigen Knetbälle können dann außerdem vielfältig und motivierend zur Förderung der kindlichen Entwicklung eingesetzt werden. So wirken sie beispielsweise motorischer Unruhe entgegen, bauen Stress ab, lösen innere Anspannungen und fördern gleichzeitig sowohl die Aufmerksamkeits- als auch die Konzentrationsfähigkeit. Darüber hinaus kräftigt das Kneten die Handmuskulatur und legt somit eine wichtige Grundlage für das Schreiben und die damit verbundene Stifthaltung.

benötigte Materialien:
- 2 Luftballons
- 1 Hand voll Knete, z. B. selbstgemachte Knete oder alternativ Mehl oder weicher Sand
- Trichter

Anleitung:

1. Der Luftballon wird mit einer Handvoll Knete befüllt. Da das Befüllen etwas kniffelig ist, kann der Luftballon auf einen Trichter gestülpt und anschließend mit Knete befüllt werden.

2. Nun wird der befüllte Ballon am Ende verknotet und seine Öffnung wird abgeschnitten.

3. Anschließend wird der zweite Ballon in entgegengesetzter Richtung auf den mit Knete befüllten Ballon gezogen, um den Knetball zu stabilisieren.

Monsterschleim

Selbstgemachter Monsterschleim ist das perfekte Spielzeug für kindliches Matschen, da sich der Schleim wunderbar zur Kräftigung der Handmuskulatur eignet, intensive Sinnesreize über das taktile System der Haut vermittelt und Kindern somit hilft, ihre eigenen Hände besser zu spüren. Damit legt das Matschen mit dem Monsterschleim wichtige Voraussetzungen für eine geschickte Fein- und Grafomotorik und ist somit auch eine wundervolle Vorübung zum Schreiben und zum Malen.

benötigte Materialien:
- 3 Pakete Speisestärke
- Wasser
- Lebensmittelfarbe
- Schüssel

Anleitung:

1. Zunächst werden drei Pakete Speisestärke in eine Schüssel gegeben, zu der, je nach gewünschter Konsistenz, nach und nach Wasser hinzugegeben wird.
2. Geben Sie abschließend noch etwas Lebensmittelfarbe hinzu, um dem Monsterschleim eine schöne Farbe zu verleihen.

Tipp: Grundsätzlich wird der Schleim umso matschiger und schmieriger, je mehr Wasser hinzugegeben wird. Schmieriger Matsch vermittelt dabei intensivere taktile Reize. Weniger Wasser führt hingegen zu einer festeren Masse, die sich besser zum Formen und zum Kneten eignet und damit die Muskulatur in der Hand etwas mehr fordert.

Tipps & Tricks

- **Händigkeit:** Die Entwicklung der Händigkeit sollte gefördert werden, wobei der Findungsprozess neutral begleitet werden und keine Führungshand vorgegeben werden sollte. Dementsprechend gilt es, eine Umschulung zu vermeiden.
- **Spielendes Lernen:** Kinder sind vor allem für spielerische Angebote sehr empfänglich. Durch das Spielen lernen sie elementare Voraussetzungen für ihr zukünftiges Leben kennen und entwickeln dabei ihre Fähigkeiten weiter, ohne dass sie überhaupt bemerken, dass sie lernen.
- **vielfältige Spielerfahrungen:** Kinder sollten nicht nur verschiedene Spielformen ausprobieren und unterschiedliche Materialien kennenlernen, sondern auch vielfältige Erfahrungen beim Spielen sammeln dürfen und so zum Beispiel nicht nur bei strahlendem Sonnenschein draußen spielen dürfen, sondern auch im Regen Erfahrungen sammeln können. Außerdem gehören kleine Verletzungen zum kindlichen Entdecken dazu.
- **Unterstützung von Spiel und Sport:** Die spielerische Förderung und viel körperliche Bewegung sollten immer feste Bestandteile des Alltags sein. Außerdem können Kinder dabei erlernte Verhaltensweisen auf das Erwachsenenalter übertragen.
- **Nutzung verschiedener Methoden:** Stures Auswendiglernen sollte durch abwechslungsreiche Lernmethoden, wie zum Beispiel Experimente, ersetzt werden, um Kindern das Lernen zu erleichtern und ihnen dabei zu helfen, die gelernten Erkenntnisse dauerhaft im Langzeitgedächtnis zu speichern.
- **Förderung von Freundschaften:** Durch frühzeitiges Knüpfen von Freundschaften können Kinder nicht nur Freunde fürs Leben kennenlernen, sondern auch früh ihre Sozialkompetenzen entwickeln.
- **Alter:** Die Spiele sollten immer altersgerecht sein.
- **Spielzeugquantität und Medien:** Grundsätzlich sollten weniger Spielsachen angeschafft und es sollte auf einen niedrigen allgemeinen Medienkonsum zur Förderung der Kreativität geachtet werden. Ansonsten kann es zu Konzentrationsschwäche und Reizüberflutung kommen.
- **Regulation, Restriktion und Überwachung:** Kinder sollten nicht stundenlang vor dem Fernseher oder dem Computer sitzen und nur altersentsprechende Inhalte konsumieren.
- **Umfeld:** Kinder benötigen ein positives, lustiges, ordentliches, anregendes und strukturiertes Umfeld, um effektiv und nachhaltig spielerisch lernen zu können.
- **Geben Sie nicht auf:** Jedes Kind entwickelt sich in seinem eigenen Tempo und Defizite können durch entsprechende Förderung ausgeglichen werden. Seien Sie geduldig und suchen Sie, wenn nötig, ärztliche Unterstützung.

Schon gewusst? Leseförderung als indirektes Förderungstool

Der Zusammenhang von Lesen & Schreiben

Lange Zeit wurde das Rechtschreiben lediglich als Folgefertigkeit des Lesens betrachtet, bevor in den 1980er Jahren der Zusammenhang zwischen dem sprachlichen Erwerb und dem Erwerb von schriftlichen Fertigkeiten erkannt wurde. Die terminologische Trennung zwischen dem Schreibenlernen und dem Lesenlernen wurde durch idealtypische Entwicklungsmodellierungen aufgehoben, sodass die enge Verknüpfung der beiden wechselseitigen und eng verbundenen Fertigkeiten unter dem Terminus **Schriftspracherwerb** zusammengefasst wurde.

Im Wesentlichen wird der Schriftspracherwerb durch einen ineinandergreifenden Erkenntnisgewinn charakterisiert, der sich auf die wechselseitige Beziehung zwischen dem *Lesenlernen* und dem *Schreibenlernen* stützt. Forschende entwickelten daraufhin verschiedene Entwicklungsmodelle (zum Beispiel das Stufenmodell nach Scheerer-Neumann, die Entwicklungstheorie nach Piaget oder das Stufenmodell der Entwicklung kindlicher Lese- und Schreibstrategien nach Günther), die Aufschluss über den kindlichen Lernprozess geben und damit als pädagogisch-didaktische Orientierung fungieren. Zur Erklärung der Entwicklung von Lese- und Schreibkompetenz werden dabei unterschiedliche Stufenmodelle skizziert, bei denen jede einzelne Stufe beschreibt, welche Einsichten Kinder bereits über das Lese- und Schreibsystem gewonnen haben. Stufenmodelle, wie das in diesem Buch vorgestellte **Stufenmodell nach Scheerer-Neumann**, beschreiben dabei die Entwicklung der Kinder bis zum kompetenten Schreiben und Lesen.

Grundsätzlich ist die deutsche Sprache eine alphabetische Sprache, die – insbesondere im Vergleich zu anderen Schriftsystemen – aufgrund ihrer konsistenten Orthografie als relativ regelmäßig gilt. Alphabetische Schriften zeichnen sich nämlich im Wesentlichen dadurch aus, dass wir Wörter, die wir vorher weder geschrieben noch gelesen haben, anhand unseres Wissens über die Graphem-Phonem-Korrespondenz (Beziehung zwischen Schrift und lautlicher Form der Sprache) ohne große Schwierigkeiten entschlüsseln können. Andersherum gelingt es uns außerdem, eigene Wörter mit diesem System lesbar zu verschriften. Damit Kinder jedoch die alphabetische Struktur, die unserer Sprache zugrunde liegt, verstehen können, müssen sie im Vorfeld sowohl den Zusammenhang begreifen, der zwischen geschriebener und gesprochener Sprache besteht, als auch grundlegende, sprachanalytische Fähigkeiten (zum Beispiel Lautanalyse, Phonembewusstsein, das Wortkonzept oder die Kenntnis der Phonem-Graphem-Zuordnungen) erwerben.

Beginnen Kinder, das lautgetreue Verschriften zu lernen,

- stärken sie damit automatisch ihre phonologische Bewusstheit für Laute,
- sammeln sie vielseitige Erfahrungen in Bezug auf die Laut- bzw. Buchstabenabfolge,
- nähern sie sich der Visualisierung verschiedener Laute in Schriftzeichen,
- setzen sie sich intensiv mit der Korrespondenz zwischen Buchstaben und Lauten auseinander.

Im Zuge dessen erlangen Kinder permanent Hinweise dafür, inwiefern sich bestimmte Laute verschriftlichen lassen und wie gewisse Buchstaben ausgesprochen werden.

Mit dem Beginn der lautgetreuen Verschriftung wird sowohl der Leselernprozess der Kinder als auch die Sinnentnahme beim Lesen angestoßen bzw. fortgehend unterstützt. Dadurch sind Kinder in der Lage, auf ihr vorhandenes alphabetisches Wissen zurückzugreifen, wodurch sie beispielsweise wissen, welcher Laut mit welchem Buchstaben verknüpft ist. In der Folge gelingt es ihnen, Worte phonologisch zu rekodieren, sodass sie einzelne Wörter Buchstabe für Buchstabe lesen können. Buchstabenkombinationen, die dabei frequentiert genutzt werden, unterstützen damit zunächst das rasche Identifizieren einzelner Buchstaben und später sogar ganzer Wörter.

Beim Schriftspracherwerb nimmt jedoch nicht nur das Schreiben Einfluss auf das Lesen, denn auch das Lesen beeinflusst sowohl das Schreiben als auch die Rechtschreibung. Es zeigt sich zum Beispiel, dass die Einhaltung von Wortgrenzen, die einigen Kindern Probleme bereiten können, durch den Fortschritt der Lesekompetenz weiterentwickelt wird. Indem Kinder beim regelmäßigen Lesen Abweichungen von der alphabetischen Schreibweise erkennen und wahrnehmen und diese beim Schreiben sowohl intuitiv anwenden als auch erproben, können sie beim Lesen vor allem ihre orthografischen Kenntnisse verbessern und erweitern. Obgleich es in solchen Erprobungsphasen oftmals zu Übergeneralisierungen (eine Sprachform wird regelhaft, jedoch unüblich nach dem Vorbild von einer oder mehreren sprachlichen Formen gebildet, zum Beispiel: „Mama hat gesitzt“) kommen kann, kann diese inkorrekte Verwendung orthografischer Elemente durch neue Leseerfahrungen kompensiert werden.

LITERALITÄT BEI KINDERN

Grundsätzlich wird unter dem Terminus der **Literalität** die **Fähigkeit verstanden, zu lesen und zu schreiben.** Dabei sind mit dem Lesen und Schreiben soziale, emotionale, sprachliche und kognitive Fähigkeiten verknüpft, die als **Grundvoraussetzung für den Umgang mit Text und Schrift** gelten.

Darüber hinaus ist die Literalität **für unsere heutige Gesellschaft wesentlich**, da alle Lebensbereiche und gesellschaftlichen Institutionen auf Texten basieren, in denen Wissen sowohl gespeichert als auch weitergegeben wird. Aus diesem Grund kommt der Vermittlung der Schrift in der Schule eine so grundlegende und zugleich bedeutende Rolle zu. Lesen und Schreiben sind unverzichtbare Fähigkeiten und die Voraussetzungen jeglicher Bildungsprozesse sowie der Teilnahme am gesellschaftlichen Leben.

Heutzutage wird der Begriff der Literalität oftmals als Synonym für die Bezeichnung Alphabetisierung verwendet. Der Ausdruck Alphabetisierung umfasst jedoch lediglich den Erwerb von basalen Schreib- und Lesefertigkeiten, die in einer schriftbasierten Gesellschaft das Fundament für eine umfassende Literalisierung legen. Mit dem Terminus Literalisierung ist dabei wiederum die Fähigkeit des selbstständigen Handelns im Medium der Schrift gemeint, also das selbstständige Lesen und Schreiben von Texten. In einer literalen Gesellschaft bietet der eigenständige Gebrauch von Texten dem Individuum die Möglichkeit, im Gebrauch mit der Schriftsprache wichtige Erfahrungen zu sammeln, Visionen schriftsprachlicher Handlungen zu entfalten und damit einhergehend zu einem Teil der literalen Gesellschaft heranzuwachsen.

Die individuelle Literalität entwickelt sich in mehreren Schritten, wobei davon ausgegangen wird, dass die Entwicklung schon vor Schuleintritt beginnt. Durch den Kontakt mit Bilderbüchern beispielsweise entstehen bereits im Kindergartenalter erste Vorstellungen über die Funktion der Schrift. Die Lesesozialisationsforschung zeigt so zum Beispiel auf, dass zwischen dem Vorlesen und den Lesegewohnheiten von Mitgliedern einer Familie und den zukünftigen Lese- und Schreibfähigkeiten ein Zusammenhang besteht. Je mehr Bedeutung dem Lesen innerhalb einer Familie zugesprochen wird, umso besser entwickeln sich die individuellen Leistungen im Lesen und Schreiben der Kinder.

Da sich die individuellen schriftsprachlichen Kompetenzen durch literale Erfahrungen und Praktiken im eigenständigen Lesen bzw. Verfassen selbstgeschriebener Texte oder durch Berührungspunkte beim Vorlesen entwickeln, ist die Entwicklung der Literalität in jedem Fall immer auch von den eigenen kulturellen Gebrauchsweisen (zum Beispiel das Lesen von Gute-Nacht-Geschichten vs. kein Vorlesen) abhängig. Ändern sich gesellschaftliche Praktiken, beeinflussen diese Veränderungen in der Folge auch die literalen Kompetenzen, da diese nicht nur die klassischen analogen Schriftsprachformate umfassen, wie das Schreiben von Briefen oder das Anfertigen von Notizen, sondern auch die Nutzung von digitalen Medien, wie soziale Netzwerke, Suchmaschinen oder Apps.

Der schulische Schriftspracherwerb, der zunächst aus dem Erwerb von basalen Fertigkeiten des schriftlichen Schreibens sowie flüssigen Lesens besteht (z. B. Worterkennung oder lokales Satz- und Wortverständnis), knüpft im Idealfall an die in der Familie gesammelten vorschulischen Erfahrungen an, sodass sich die Kinder nun selbst in der Schreib- und Leserolle erleben können. Im Zuge dessen beginnen sie, anhand von Schriftlichem zu kommunizieren und können sich literale Praktiken der Gesellschaft erschließen – so schreiben sie zum Beispiel Wunschlisten, Briefe oder Geburtstagseinladungen. Am Ende der Grundschulzeit sollten Kinder in der Lage sein, verschiedene Textformen sinnverstehend, nutzbringend und vor allem flüssig zu lesen und darüber hinaus eigene Texte verständlich, zweckmäßig, fehlerfrei und orthografisch weitestgehend korrekt selbst zu verfassen. In der daran anknüpfenden Sekundarstufe werden ihre grundlegenden literalen Fähigkeiten dann gefestigt und ausgebaut. In den weiterführenden Schulen sind literale Kompetenzen dabei insbesondere zum Verfolgen des Schulstoffs notwendig.

Beim Erwerb spezifischer sprachlicher und literaler Praktiken muss in erster Linie die Symbiose von schulischen sowie lebensweltlichen Methoden beachtet werden. Obgleich viele Kinder bereits in ihrem familiären Umfeld schulnahe Schrifterfahrungen sammeln, überschneiden sich familiäre und schulische Praktiken anderer Kinder so gut wie gar nicht. Aus diesem Grund müssen die benötigten Kenntnisse, Textfähigkeiten und Schriftfertigkeiten erst einmal neu aufgebaut werden. Aus dieser Situation heraus ergeben sich drei verschiedene Handlungsansätze:

1. Ausgestaltung einer literalen Alltagskultur
2. Anschluss an die verschiedenen Ressourcen von Kindern
3. Vermittlung von Textfähigkeiten sowie literalen Handlungsformaten

Ausgestaltung einer literalen Alltagskultur

Da Kindergärten und Schulen nicht ausschließlich auf Unterrichtseinheiten beruhen, stützt sich der erste Handlungsansatz auf die Ausgestaltung einer literalen Alltagskultur. Schulen und insbesondere Klassen sind alltägliche Lebenswelten, die eine Vielzahl an Möglichkeiten zur Integration von Medien und Schrift bieten (zum Beispiel das Schreiben von Geburtstagskarten, das Lesen von Wochenplänen und Kalendern, der Austausch von Freundschaftsbüchern oder die Organisation einer Büchertauschbörse). Eltern können die Ausgestaltung dieser literalen Alltagskultur unterstützen, indem sie ihre Kinder dazu ermutigen, Bücher auszutauschen, selbstständig Daten in den Kalender einzutragen, Hausaufgaben im Hausaufgabenheft einzuschreiben und ihren Freunden handgeschriebene Einladungen zu geben.

Anschluss an die verschiedenen Ressourcen von Kindern

Beim zweiten Handlungsansatz können sich Lehrende systematisch über die Lebenswelten, von denen die Kinder umgeben sind, informieren (zum Beispiel durch gemeinsame Gespräche und/oder Hausbesuche) und im Zuge dessen versuchen, mindestens eine spezifische Ressource für jedes einzelne Kind zu identifizieren (zum Beispiel ein bestimmtes Hobby, eine eigene Sprache, Technikkenntnisse oder eine spezielle Bezugsperson) und dann der Lebenswelt entsprechend thematisch passendes Material anbieten.

Vermittlung von Textfähigkeiten sowie literalen Handlungsformaten

Zu wichtigen literalen Praktiken finden sich im Unterricht regelmäßig Angebote zu Lernsituationen wieder, die den Kindern die Möglichkeit bieten, zunehmend initiative Rollen zu übernehmen und Textfähigkeiten zu erwerben.

Hierzu zählen sowohl

- erfundene Geschichten sowie
- Betrachtungen von Bilderbüchern und Erlebniserzählungen

als auch

- Briefe,
- Memos,
- Einkaufszettel,
- Anleitungen,
- Hörtexte sowie
- Rezepte.

Im Kontrast zu einer Vielzahl neuer Sprachförderprogramme wird Sprache in den hier skizzierten Ansätzen nicht isoliert betrachtet, sondern als alltagskulturell sowie sozial bedingte Praxis aufgefasst und dementsprechend gefördert. Wichtig ist, dass jedes Kind, mit Eintritt in das Bildungssystem, die Möglichkeit erhält, sich sowohl mit den spezifischen sprachlichen als auch den literalen Praktiken seiner neuen Schule vertraut zu machen.

Übung: Ich mal dir eine Geschichte

Geschichten erzählen von aufregenden Abenteuern, romantischen Liebesgeschichten, lebenslangen Freundschaften und mutigen Helden, mit denen sich Kinder oftmals selbst identifizieren. Dabei sind Kindergeschichten vor allem eins: eine bunte Mischung aus Fantasiebildung, Kreativität, Wertevermittlung und Ritualen, die eine wundervolle gemeinsame Zeit mit den eigenen Kindern schaffen. Außerdem unterstützen Geschichten Kinder in ihrer individuellen Entwicklung und schulen, durch das Zuhören sowie aktive Erzählen eigener Geschichten, die Merk- und Sprachfähigkeit. Zudem vertiefen sie soziale Kompetenzen, fördern die Kreativität und bauen die Empathiefähigkeit aus.

In erster Linie sollen Geschichten den Kleinen aber Freude bringen und viel Spaß machen. Dazu gehört auch, dass Kinder Geschichten nicht nur hören, sondern sie auch selbst erzählen. Oftmals zeigt sich dabei, dass sich unter den Kleinen viele tolle Geschichtenerzähler befinden, die über so viel Fantasie verfügen, dass sie sich ganze Serien an Geschichten ausdenken können. Das freie und spontane Erzählen ist dabei insbesondere für das zukünftige Leben eine wichtige Fähigkeit, die in der Schule, dem Studium und in manchen Berufen immer wieder gefordert wird.

Sobald Kinder sprechen lernen, beginnen sie damit, sich Geschichten auszudenken und diese lebhaft zu erzählen. Sie teilen ihre Wünsche, Ängste, Träume und Erfahrungen, tauchen mit ihren imaginären Freunden in eine fremde Welt und berichten über Erlebnisse, die sie am Tag gesammelt haben. Außerdem werden sie durch das eigenständige Erzählen von Geschichten befähigt, ihre eigenen Wünsche und Vorstellungen in einer Geschichte verkleidet zu erzählen und diese mitzuteilen. Obgleich die kindlichen Worte zu Beginn noch nicht so flüssig über die Lippen kommen mögen und Grammatik sowie Wortschatz ein wenig holprig sind, sollten Eltern und Großeltern bereits jetzt viel Geduld zeigen und dem Kind aufmerksam zu hören. Sprechen lernen Kinder nämlich nur durch das Sprechen selbst und sie sollten deshalb immer das Gefühl bekommen, wahrgenommen und vor allem für wichtig genommen zu werden.

Müssen einige Kinder zum Erzählen von Geschichten erst angeregt werden, gibt es andere, die, sobald sie einmal begonnen haben, gar nicht mehr aufhören können, sodass die Worte regelrecht aus ihren Mündern herausströmen. Eine gute erste Anregung zum selbstständigen kindlichen Erzählen bieten dabei immer aufmerksame Fragen, die man Kindern stellen kann. Beim Antworten auf alltägliche Fragen lernen Kinder die Struktur von Erzählungen ganz automatisch kennen und verbessern sich mit jeder weiteren Geschichte und ein wenig Unterstützung durch die Eltern ganz von selbst.

Dabei fungieren Bilder und Gegenstände, die die Kinder beschreiben, erklären und zu denen sie eine Geschichte erfinden sollen, immer als gute Eisbrecher, mit denen Kinder das Erzählen von Geschichten lernen können.

Daneben unterstützen natürlich auch andere spielerische Elemente, wie Vorlagen, ein Kamishibai, Geschichtenbaukästen, Geschichtenwürfel, Erzählkarten, Rollenspiele, Bilderbücher, Schatzkisten, Fotoalben oder Handpuppen, den Denkprozess der Kinder und schulen im Zuge dessen die kindlichen Erzählungen, deren Grammatik, Wortschatz und Orthografie mit jeder weiteren Handlung immer besser wird.

Übungsanleitung

Materialien:
- Buntstifte und Papier

Eine weitere wundervolle Übung, die nicht nur die Kreativität, den sprachlichen Ausdruck und das logische Denken fördert, sondern darüber hinaus auch soziale Kompetenzen schult und die Schreib- und Gestaltungsmotivation von Kindern unterstützt, ist die Übung „Ich mal dir eine Geschichte".

Bei dieser Übung erzählt das Kind beispielsweise seiner Mama, seinem Papa, seiner Oma oder seinem Opa eine Geschichte, die es sich entweder selbst ausdenken, nacherzählen oder vorlesen kann und die zur selben Zeit *vom Erwachsenen* gezeichnet wird.

Dabei wird den Figuren, die in der kindlichen Geschichte als Helden oder Bösewichte fungieren, durch Zeichnungen auf dem Papier Leben eingehaucht.

Je mehr Details das Kind dabei beim Erzählen preisgibt, umso detaillierter werden die gemalten Bilder.

Als Alternative zum Zeichnen können die erzählten Geschichten natürlich auch als Texte niedergeschrieben werden, sodass das Kind seine selbst erzählte Geschichte im Nachhinein oder zu einem späteren Zeitpunkt immer wieder selbst lesen kann.

Darüber hinaus bietet die gemeinsame Geschichtenzeit dem Kind die Möglichkeit, seine eigene Erzählung aktiv mitzugestalten und Mama oder Papa beim Malen immer wieder, durch sprachliche Ergänzungen, darauf hinzuweisen, dass hier und da noch einige Details fehlen.

Tipps zur Förderung von kindlichem Erzählen

- aufmerksame Fragen stellen, z. B. „Wie geht es dir?“, „Wie war dein Tag?“, „Wie war es in der Schule?“, „Was möchtest du heute machen?“
- Kinder Bilder oder Gegenstände erklären lassen, zu denen sie eine Geschichte erfinden sollen
- kreative Unterstützung durch den Einsatz von Stiften und Pinseln, z. B. beim Malen von Geschichten, beim Ausfüllen von Freundschaftsbüchern, bei Eintragungen im Kalender oder Hausaufgabenheft
- gemeinsames Erzählen von Geschichten
- Integration spielerischer Elemente, z. B. durch Vorlagen, Kamishibai, Geschichtenbaukästen, Geschichtenwürfel, Erzählkarten, Rollenspiele, Bilderbücher, Schatzkisten, Fotoalben, Handpuppen
- bereits bekannte Geschichten nacherzählen und durch einige Wörter oder Elemente leicht abändern

https://bit.ly/46imT8m

QR-Code oder Link zu einer Traum/Phantasiereise zum Anhören und Mitmalen

Früh übt sich: Grafomotorik im frühen Kindesalter fördern

Basale Fähigkeiten

Wir erinnern uns: Eine vollständig ausgeprägte motorische Entwicklung, die mit der Ausbildung der Grobmotorik beginnt, ist die Grundlage für die Entwicklung der Schreibfähigkeit von Kindern. Anknüpfend an die Grobmotorik setzt sich der Entwicklungsprozess dann mit der Ausprägung der Feinmotorik fort, die sich auf feine Bewegungsabläufe von kleineren Muskelgruppen bezieht und die Voraussetzung für den Erfolg von grafomotorischen Aktivitäten darstellt.

Die ersten bewussten Versuche, Zeichen zu hinterlassen, treten bei Kindern im Alter von 18 bis 24 Monaten auf. Zu Beginn werden die Stifte dabei noch mit der gesamten Hand gehalten, sodass den ersten isolierten Kritzeleien auf dem Papier Leben eingehaucht werden kann. Bücherseiten werden zunächst geblättert, indem immer mehrere Seiten zur selben Zeit gedreht werden, bevor die Augen und Hände im Alter von zwei bis zweieinhalb Jahren dann grob aufeinander abgestimmt sind, sodass Kinder nun einzelne Finger bewusst steuern können und in der Lage sind, jeweils nur ein Blatt zu wenden. Außerdem halten sie den Stift nun mit Daumen, Zeige- und Mittelfinger und ziehen sowohl horizontale als auch vertikale Linien. Die kindlichen Bewegungen auf dem Papier werden zunehmend koordinierter und durch eckige und runde Muster ergänzt.

Zwischen dem dritten und fünften Geburtstag haben Kinder dann eine fließendere Linienzeichnung entwickelt und beginnen nun, zu malen. In diesem Alter können sich häufig falsche Griffe einschleichen, die unbedingt korrigiert werden sollten, damit eine Fixierung verhindert wird. Außerdem bewegen Kinder beim Schreiben mit dem Stift zu Beginn die gesamte Hand. Mit ein wenig Übung bewegen sie jedoch nur noch die Finger und erlangen damit maximale Kontrolle sowie Flexibilität bei der Stiftführung, um später ordentlich und fließend schreiben zu können.

Grundsätzlich sollte die Koordination der Kinder bereits von klein auf durch motorische Spiele gefördert werden, da gut ausgebildete grafomotorische Fähigkeiten für den schulischen Erfolg unerlässlich sind und aus diesem Grund auch über das Vorschulalter hinaus geübt werden sollten. Da sich unreife grafomotorische Fähigkeiten meistens in Aktivitäten des Alltags manifestieren, sind sie für Eltern oder Lehrende relativ einfach zu erkennen.

Kinder mit unreifen grafomotorischen Fähigkeiten

- weigern sich zum Beispiel, zu zeichnen, und suchen keinerlei handwerkliche Tätigkeiten,
- sind bei der Selbstversorgung (Anziehen, Schließen des Reißverschlusses, Binden von Schnürsenkeln) weniger geschickt,
- zeigen eine blockartige Linienzeichnung, die aus nicht fließenden Linien besteht und
- produzieren im direkten Vergleich zu Kindern in ihrem Alter schlechtere Zeichnungen, deren Inhalt und Form eher den Zeichnungen von jüngeren Kindern entsprechen.

Lassen sich Anzeichen für eine unreife grafomotorische Entwicklung des eigenen Kindes beobachten, sollten Eltern unbedingt entwicklungsfördernde Aktivitäten in den Alltag einbeziehen. Grobmotorische Fähigkeiten trainieren Kinder am besten, indem sie draußen im Freien spielen, springen, klettern und rennen können. Für die Entwicklung feinmotorischer Fähigkeiten sind Spielzeuge in unterschiedlichen Konstruktionen und Formen sinnvoll. Zudem sind Stifte, Bücher und Spielzeuge zum Aufziehen für die Ausbildung von verschiedenen Fähigkeiten, wie dem Ergreifen, Festhalten und anschließenden Loslassen, zentral.

Daneben unterstützt auch

- das Fangen eines Balls mit beiden Händen,
- das Transferieren von Objekten zwischen den eigenen Händen,
- die Anordnung von Puzzeln oder Würfeln,
- das Einfügen von vorgegebenen Objekten in passende Öffnungen sowie
- das Fangen von kleinen Gegenständen mit dem Zeigefinger und dem Daumen

die Förderung der feinmotorischen Fähigkeiten.

Daran anknüpfend gibt es natürlich auch eine Reihe alltäglicher Aktivitäten, die die basalen Fähigkeiten von Kindern ganz nebenbei schulen – zum Beispiel

- das An- und Ausziehen,
- das Entfernen von Bonbonpapier,
- die Selbstfütterung,
- das Öffnen sowie Schließen von Reißverschlüssen und Knöpfen,
- das Binden von Schuhen,
- das Abwischen von Geschirr oder das Blättern in einem Buch.

Obgleich die meisten entwicklungsfördernden Aufgaben für Eltern und Kinder auf den ersten Blick bedeutungslos erscheinen können, spielen sie für die Beherrschung grundlegender und nützlicher Fähigkeiten von Kindern eine große Rolle und helfen, diese in ihrer Entwicklung zu unterstützen.

Vom Grossen zum Kleinen: Allgemeine Motorik als Grundlage

Sitzen, Krabbeln, Laufen, Greifen, Klatschen und Co. – die Dinge, die wir im Laufe unserer motorischen Entwicklung erst einmal gelernt, gefestigt und abgespeichert haben, fühlen sich für uns nun kinderleicht an. Tatsächlich sind motorische Handlungen jedoch ziemlich komplex und erfordern ein exakt aufeinander abgestimmtes Zusammenspiel vieler unterschiedlicher Muskeln. Die Muskeln werden dabei über die Nerven gesteuert, wofür wiederum unterschiedliche Sinnesorgane notwendig und auch verschiedene Bereiche des zentralen Nervensystems verantwortlich sind.

Grundsätzlich beginnt die motorische Entwicklung von Kindern bereits im Mutterleib und damit lange vor der Geburt. Schon ab der zehnten Schwangerschaftswoche lassen sich spontane Bewegungen beobachten. Die ersten Zuckungen bleiben dabei aber lange Zeit unbemerkt, da die kindlichen Bewegungen anfangs zu schwach sind und noch ausreichend Platz im Bauch vorhanden ist. Etwa ab dem fünften Monat der Schwangerschaft machen sich Babys dann, wenn auch noch sehr zaghaft, zum ersten Mal bemerkbar. Mit jedem Monat der Schwangerschaft wird Babys Wohnraum in Mamas Bauch zunehmend enger, wohingegen seine Bewegungen immer kräftiger werden, sodass diese nicht nur spürbar, sondern auch von außen sichtbar sind.

Nachdem Babys das Licht der Welt erblickt haben, versuchen sie sich am Greifen, Winken, Sitzen, Krabbeln, Stehen und etwas später auch am Laufen. Dabei ist die motorische Entwicklung nicht nur wichtig, um grundlegende Entwicklungsschritte zu durchlaufen, sondern vor allem, um wichtige körperliche und sinnliche Erfahrungen sammeln zu können. Denn zum Sehen, Sprechen oder Lachen benötigen wir gut ausgebildete Mund- oder Augenbewegungen, weshalb die Entwicklung der Motorik also auch für die soziale Interaktion überaus wichtig ist. Darüber hinaus ist die Motorik mit unseren geistigen Fähigkeiten verknüpft, wobei die Unabhängigkeit von Babys und kleinen Kindern mit jeder neu erlernten körperlichen Fähigkeit immer weiter wächst.

Im Allgemeinen beschreibt der Begriff der Motorik die Summe aller Aktionen unserer Muskulatur und steht damit für ihre Bewegung. Grundsätzlich wird die Motorik außerdem in Grobmotorik und Feinmotorik unterteilt.

Zur Erinnerung: Die Grobmotorik umfasst dabei all die Bewegungsfunktionen unseres Körpers, die zur Gesamtbewegung dienen, wie beispielsweise Laufen, Hüpfen oder Springen.

Im Gegensatz dazu meint die Feinmotorik alle kleinen Bewegungsabläufe, zum Beispiel die von Händen, Fingern, Füßen, Zehen, dem Gesicht, den Augen oder dem Mund.

Bei der Grobmotorik sind in erster Linie ein gut entwickeltes Gleichgewicht, ausreichende Muskelspannung sowie die Körperwahrnehmung zentral. Im Gegensatz dazu spielen die festgelegte Händigkeit, eine angemessene Kraftdosierung, ausreichende Spannung in den Fingern und Händen, ein Gespür für die eigenen Hände und für feine Bewegungen sowie die Ausführung von feinen Fingerbewegungen, die nicht aus der Schulter heraus ausgeführt werden, eine wichtige Rolle, um feinmotorisch geschickt zu arbeiten.

Als Voraussetzung für die Grob- und Feinmotorik selbst gilt wiederum die Gestaltung koordinierter Bewegungen, die unter dem Begriff **koordinative Fähigkeiten** zusammengefasst wird. Die koordinativen Fähigkeiten können weiterhin in die folgenden sieben Fähigkeiten unterteilt werden:

1. Reaktionsfähigkeit
2. Rhythmusfähigkeit
3. Orientierungsfähigkeit
4. Differenzierungsfähigkeit
5. Gleichgewichtsfähigkeit
6. Kopplungsfähigkeit
7. Umstellungsfähigkeit

Exkurs: Die sieben koordinativen Fähigkeiten

Reaktionsfähigkeit

Mit der Reaktionsfähigkeit wird die Fähigkeit beschrieben, auf ein unvorhersehbares Ereignis bzw. auf ein bestimmtes Signal aus der Umwelt zielgerichtet und schnell mit einer motorischen Handlung zu reagieren.

Beispiel: Ein Stift rollt vom Tisch. Das Kind reagiert schnell und fängt den Stift auf.

Rhythmusfähigkeit

Unter dem Begriff der Rhythmusfähigkeit wird die Fähigkeit beschrieben, sowohl einen vorgegebenen Rhythmus wahrzunehmen als auch einen externen Rhythmus zu übernehmen und diesen im Anschluss in einer regelmäßigen zeitlichen Abfolge motorisch umzusetzen bzw. einen Bewegungsablauf nach einem individuellen Rhythmus auszugestalten.

Beispiel: Kinder können im Musikunterricht Lieder am Rhythmus erkennen.

Orientierungsfähigkeit

Bei der Orientierungsfähigkeit geht es primär darum, sich in einer veränderten Situation bzw. einer veränderten Bewegung schnell räumlich zu orientieren. Durch die realitätsgetreue Wahrnehmung der eigenen Position im Raum hilft die Orientierungsfähigkeit außerdem dabei, sich zurechtzufinden.

Beispiel: Kinder können im Geometrieunterricht die Lage von Objekten zueinander erkennen.

Differenzierungsfähigkeit

Bei der Differenzierungsfähigkeit liegt das Hauptaugenmerk auf den Feinabstimmungen körperlicher Bewegungen. Im Zuge dessen steht insbesondere die Fähigkeit, unterschiedliche Bewegungsabläufe sicher, präzise und ökonomisch auszuführen, im Mittelpunkt. Damit einher geht natürlich ebenso ein angemessener Krafteinsatz.

Im Allgemeinen kommt die Differenzierungsfähigkeit hauptsächlich im (Bewegungs-) Gefühl zum Ausdruck und ist umgangssprachlich auch als Ballgefühl bekannt bzw. mit der Auge-Hand-Koordination gleichzusetzen. Bei der Differenzierungsfähigkeit sind außerdem die Rückmeldungen, die uns unsere kinästhetischen Analysatoren senden, von zentraler Bedeutung. Denn die in unseren Muskeln, Bändern, Sehnen und Gelenken befindlichen Rezeptoren geben uns Aufschluss über die verschiedenen Stellungen von Körperpositionen sowie über die Kräfte, die auf diese Stellungen einwirken.

Beispiel: Kinder wissen, wie stark sie mit dem Stift beim Schreiben aufdrücken können, ohne dass das Papier zerreißt.

Gleichgewichtsfähigkeit

Unter dem Terminus Gleichgewichtsfähigkeit wird die Fähigkeit verstanden, sowohl den eigenen Körper als auch beliebige Gegenstände unter dem Einfluss der Schwerkraft im Gleichgewicht zu halten oder den Körper bzw. die Gegenstände schnellstmöglich wieder zurück ins Gleichgewicht zu bringen. Grundsätzlich wird bei der Gleichgewichtsfähigkeit dabei zwischen

- dem *dynamischen* Gleichgewicht, z. B. die Balance auf einem Balken,
- dem *statischen* Gleichgewicht, z. B. auf einem Bein stehen, und
- dem *Erhalt* von einem Objektgleichgewicht, z. B. das Balancieren von einem Stift auf dem Handrücken,

unterschieden.

Ein ausgeprägter Gleichgewichtssinn ist dabei einerseits die Grundlage für unser psychisch-emotionales Gleichgewicht und andererseits Grundlage für unser allgemeines Wohlbefinden. Darüber hinaus ist ein ausgeprägter Gleichgewichtssinn Voraussetzung für jegliche motorische Handlungen.

Beispiel: Kinder sind in der Lage, im Sportunterricht auf einem Balken zu balancieren.

Kopplungsfähigkeit

Die Kopplungsfähigkeit zielt darauf ab, mehrere unterschiedliche Teilkörperbewegungen (Körpersegmente) als zielgerichtete Gesamtbewegung – mit nur wenig Kraftaufwand, direkt hintereinander und aufeinander abgestimmt – auszuführen. Funktioniert die Koordination von mehreren Teilkörperbewegungen nicht mehr korrekt, ist die Kopplungsfähigkeit nicht mehr gegeben. Dadurch können bestimmte zielgerichtete Bewegungshandlungen nicht mehr optimal ausgeführt werden.

Beispiel: Beim Abschlussspiel im Sportunterricht können die Kinder einzelne Bewegungsabschnitte zu einer Gesamtbewegung (z. B. die gleichzeitige Koordination und Bewegung von Armen und Beinen bei Lauf- und Wurfspielen) zusammensetzen, die sie im Endeffekt effektiv und fließend ausführen.

Umstellungsfähigkeit

Die Umstellungsfähigkeit zielt darauf ab, individuelle Bewegungen sowohl so schnell wie möglich als auch rechtzeitig auf neue externe Situationen einzustellen. Im Zuge dessen legt die Umstellungsfähigkeit die Grundlage dafür, dass wir unsere eigenen Handlungen neuen Gegebenheiten anpassen können.

Beispiel: Kinder stellen sich im Winter auf einen kalten Schulweg ein.

Motorische Entwicklung: Welche Meilensteine gibt es?

Unsere ersten Lebensjahre sind für unser gesamtes zukünftiges Leben prägend, wobei vor allem der Entwicklung der Motorik eine zentrale Bedeutung zukommt. Unmittelbar nach der Geburt bewegen Babys ihre Arme und Beine schon ganz fleißig und mit jedem weiteren Lebensmonat schreitet die motorische Entwicklung Schritt für Schritt voran, sodass sich immer neue Fertigkeiten entwickeln. Während Babys heranwachsen, lassen sich dabei einige deutliche motorische Entwicklungsphasen ausmachen, die in der nachfolgenden Tabelle überblicksartig zur Orientierung dargestellt sind.

Bitte beachten Sie: Natürlich sind diese Schritte bzw. Phasen sowie die dazugehörigen Monatsangaben lediglich grobe Richtwerte, da jedes Kind individuell ist, sich in seinem eigenen Tempo entwickelt und grob- sowie feinmotorische Fähigkeiten dabei unterschiedlich schnell ausbildet. Außerdem sind die Abweichungen umso größer, je älter Kinder werden. Zudem sind einige Wochen Verzögerung und damit einhergehende Unterschiede zwischen Kindern vollkommen normal und kein Grund zur Besorgnis.

Alter	Grobmotorik	Feinmotorik
1. Monat	Babys sind Reflexwesen, die ihren Kopf in Bauchlage leicht anheben.	Die Hände sind meistens zu Fäusten geballt.
2. Monat	Babys strampeln mit ihren Armen und ihren Beinen und heben, in Bauchlage, ihren Kopf für einen kurzen Moment.	Bei Berührungen am Handrücken öffnen Babys ihre Hände, wohingegen sie diese noch ganz zufällig zusammenführen. Außerdem folgen sie Personen oder Gegenständen mit ihren Augen um bis zu 180 Grad.
3. Monat	Babys können ihren Arm nun auf Kopfhöhe halten oder ihren Kopf, in Bauchlage, bis zu 90 Grad drehen, sich ggf. auf ihre Arme stützen und fleißig strampeln.	In Rückenlage führen Babys ihre Hände über dem Kopf zusammen, bewegen ihre Finger und stecken einzelne Finger in den Mund.
4. Monat	Bei Widerstand werden die Beine durchgedrückt, das Halten des Kopfes in Bauchlage verbessert sich und es werden erste Versuche des eigenständigen Drehens unternommen.	Die Hand-Mund-Koordination entwickelt sich. Babys führen Gegenstände zum Mund, können gezielt greifen, sich festhalten, aber noch nicht gezielt loslassen.
5. Monat	Babys können nun ohne Hilfe sitzen, üben die ersten Drehungen zur Seite und stützen ihren Oberkörper in Bauchlage ab.	Babys greifen gezielt und wechseln dabei vielleicht sogar ihre Greifhand.
6. Monat	Die ersten Drehungen in Bauchlage sowie die ersten Bemühungen, sich selbst hinzusetzen oder zu robben, kommen zutage.	Der Flachzangengriff (der Zeige-, Mittel, Ring- und der kleine Finger sind ausgestreckt und der Gegenstand wird mit dem Daumen in Oppositionsstellung ergriffen) wird angewendet, Babys greifen in Bauchlage, führen eine Flasche zum Mund und wechseln ihre Hände.

7. Monat	Babys können nun von der Bauch- in die Rückenlage wechseln, eigenständig sitzen, den Vierfüßlerstand ausführen und mit Festhalten stehen. Außerdem unternehmen sie erste Krabbelversuche.	Babys greifen Gegenstände mit ihrem Zeigefinger und ihrem Daumen.
8. Monat	Nun klappt das freie Sitzen schon ganz ohne Abstützen, doch beim freien Stehen und Aufstehen benötigen Babys noch etwas Hilfe. Außerdem werden die ersten Hochziehversuche unternommen und es wird schnell gekrabbelt.	Babys können nun zwei Gegenstände aneinander klopfen, klatschen, winken und mit ihren Händen spielen.
9. Monat	Babys können nun sicher frei sitzen, unternehmen erste Stehversuche, hangeln sich an Möbeln oder anderen Gegenständen entlang und versuchen, zu klettern.	Der Pinzettengriff (Ergreifen kleiner Gegenstände mit opponiertem Daumen und gestrecktem Zeigefinger) wird angewendet und Babys können nun dicke Babybuchseiten umblättern.
10. Monat	Die Versuche, sich aufzurichten und zu stehen, nehmen immer mehr zu, bedürfen aber noch ein wenig Hilfe. Weiterhin zeigen sich erste eigenständige Schritte.	Babys beginnen nun, mit den Fingern zu essen und aus Schnabeltassen zu trinken. Sie werfen Dinge oder lassen diese fallen, üben sich an Drehbewegungen und auch der Scherengriff (Erfassen kleiner Gegenstände zwischen Zeigefinger und Daumen) und der Zangengriff (Ergreifen kleiner Gegenstände mit den Fingerbeeren von gebeugtem Zeigefinger und Daumen) funktionieren immer besser.
11. Monat	Babys können alleine stehen, machen erste freie Gehversuche und können seitliche Schritte an der Hand gehen.	Das Essen mit dem Löffel beginnt und die Handhabung mit ersten Werkzeugen wird geübt.

12. Monat	In der Regel können Babys nun frei stehen und gehen, Treppen mit Festhalten steigen und sie wagen erste Versuche, sich zu bücken und aufzurichten.	Babys essen mit dem Löffel im Faustgriff, stapeln Bauklötze und werfen Bälle.

Ab dem zweiten Lebensjahr schreitet die Entwicklung von Kindern immer weiter voran und sie üben sich fleißig in der Ausbildung ihrer motorischen Fähigkeiten. Dabei perfektionieren sie ihre feinmotorischen Fähigkeiten und den alltäglichen Umgang mit verschiedenen Gegenständen immer mehr.

Grundsätzlich spielt die motorische Entwicklung dabei für das Heranwachsen sowohl des Körpers als auch des Geistes eine wesentliche Rolle. Denn die allgemeine motorische Entwicklung hat nicht nur Einfluss auf die Leistungsfähigkeit und die gesamtkörperliche Beweglichkeit sowie Gewandtheit von Kindern, sondern beeinflusst unter anderem auch

- ihr Gleichgewichtsvermögen,
- ihre Schnelligkeit,
- die feinmotorische Geschicklichkeit,
- die Genauigkeit ihrer Bewegungen,
- ihre Sprungkraft sowie
- ihre Koordinationsfähigkeit.

Die motorische Entwicklung von Babys und Kindern kann dabei zum Beispiel durch eine Frühgeburt, ein niedriges Gewicht bei der Geburt, frühkindliche Hirnschädigungen oder zerebrale Krampfanfälle, eine ungewollte Schwangerschaft, Probleme in der Partnerschaft oder ein niedriges Bildungsniveau der Eltern sowie psychische Probleme der Eltern negativ beeinträchtigt werden, da diese womöglich selbst keine gut ausgebildete Motorik besitzen oder nicht in der Lage sind bzw. gar nicht wissen, wie sie die Motorik ihres Kindes unterstützen können.

Da eine gut ausgeprägte Motorik und damit einhergehend ein gutes Körpergefühl für ein gesundes und glückliches Leben Grundvoraussetzungen sind, sollten Eltern und Erziehende Kinder immer wieder dazu motivieren, sich auf unterschiedlichste Art und Weise zu bewegen.

Verschiedene Spielmaterialien regen zudem die motorische Entwicklung eines Kindes enorm an, wobei sie von ihrem natürlichen Entdeckerinstinkt angetrieben werden.

Zur Förderung der Grobmotorik sind ausreichend Platz sowie die Möglichkeit, sich frei in einer sicheren Umgebung zu bewegen und zu spielen, entscheidende Voraussetzungen. Dabei können Kinder ruhig barfuß oder in rutschfesten Socken durch die Welt laufen, um zusätzlich die Balance und insbesondere die Motorik zu fördern. Konkrete Spiele und Aktivitäten zur Förderung der Grobmotorik sind darüber hinaus

- Hüpf- und Fangspiele,
- Klettern,
- Schwimmen,
- Balancieren,
- Trampolinspringen,
- Treppensteigen,
- Hampelmänner sowie
- Spiele mit dem Hüpfseil, Luftballons oder Bällen.

Im Gegensatz zur Grobmotorik gelingt die Feinmotorik in einem begrenzten Bewegungsumfeld, in dem sich Kinder auf die Sache selbst konzentrieren können, zunehmend besser.

Zusätzlich schulen

- Hämmerchenspiele,
- Kneten,
- Puzzeln,
- Steckspiele,
- Falzen,
- Mikado oder
- Fingerspiele

die Feinmotorik.

Unterschiedliche Materialien anbieten Sand, Rasierschaum, Knete & Co.

Sand

Buddeln, Sieben, Rieseln und Schütten: Das Spiel mit dem Sand bereitet fast jedem Kind große Freude und hilft Kindern ganz nebenbei, wichtige feinmotorische Fähigkeiten zu erlernen. Die Möglichkeiten, mit Sand zu spielen und sich im Sandkasten auszutoben, sind dabei nahezu grenzenlos. Grundsätzlich bietet das Spiel mit dem Sand für alle Sinne ein unvergessliches Erlebnis, das kein Kind missen möchte und bei dem gleichzeitig die Wahrnehmung der Hände gefördert und somit wichtige Voraussetzungen für eine geschickte sowie gezielte Feinmotorik gelegt werden.

Da Sand ein natürliches Material ist und sich beinahe überall auf der Welt finden lässt, ist es ein ganz wundervolles Spielmaterial, das sich für jedes Kind eignet. Beim Spielen im und mit dem Sand lassen Kinder diesen durch ihre Finger rieseln und graben Hände, Füße und Beine darin ein. Zudem bieten sie anderen oftmals einen leckeren Sandkuchen an, der dann natürlich probiert werden muss. Von nassem Sand sind Kinder außerdem häufig noch einmal ganz anders fasziniert, da sich dieser anders als trockener Sand anfühlt und formbar ist. Dadurch lässt sich mit ihm natürlich ganz anders umgehen und Kinder können mit nassem Sand noch einmal auf eine andere Art und Weise spielen.

Bereits beim Laufen und Stehen im Sand fördern Kinder ihre eigene Motorik. Obgleich sie zu Beginn oftmals noch wackelig im Sand stehen und sich in diesem fortbewegen, können sie sich bald schon sicher darin bewegen, wobei die Bewegungen im nachgiebigen Sand in erster Linie die Koordination ihres ganzen Körpers schulen. Einige Kinder können sogar schon verschiedene Spielsachen im Sand nutzen und so zum Beispiel mit Sieben und Schaufeln buddeln und ihrer Kreativität dabei freien Lauf lassen.

Durch das Bauen von Kuchen und Burgen und den Platz, den Kinder beim Spielen mit und im Sand haben, wird zusätzlich ihr räumliches Vorstellungsvermögen gefördert. Indem sie nach weit entfernten und nahen Dingen greifen, schulen sie außerdem ihre Auge-Hand-Koordination. Im Spiel mit anderen Kindern lernen sie zudem, Rücksicht zu nehmen, und legen somit wichtige Grundlagen für ein soziales Miteinander.

Knete

Alle Kinder lieben Knete. Sie drücken, kneten, rollen, kneifen und ziehen die Knete mit jedem einzelnen ihrer Finger. Im Zuge dessen dosieren sie, je nach Beschaffenheit der Knete, ihre Kraft und entwickeln dabei die Fingerkontrolle, die sie für das Schreiben benötigen.

In den meisten Fällen beginnen Kinder zunächst planlos und von ganz allein, mit Knete zu spielen und ihrer Kreativität freien Lauf zu lassen. Dabei spüren sie zunächst, wie sich die Knete anfühlt, und bedienen sich im Zuge dessen manchmal sogar dem Einsatz von Keksformen, Plastikmessern oder einem Wallholz, um die Knete zu bearbeiten. Reicht man ihnen Perlen, Steinchen oder Muscheln, können sie außerdem versuchen, die Materialien in die Knete zu drücken.

Entscheiden sich Kinder, bestimmte Gegenstände aus Knete zu formen, müssen sie sich zudem Gedanken über die Planung, Entwicklung und Gestaltung machen und trainieren damit ganz nebenbei ihre räumliche Vorstellungskraft. Und selbst, wenn das Ausgestalten nicht immer direkt auf Anhieb klappen mag, lässt Knete es jederzeit zu, dass das kindliche Vorgehen korrigiert, verändert und angepasst werden kann.

Darüber hinaus kann durch das Kneten das Sprechen von Kindern angeregt werden. Denn das Kneten ist nicht so herausfordernd, dass die kindliche Konzentration dabei nicht auch noch für das Sprechen ausreichen würde. Indem Eltern die Vorgehensweise mit präzisen Worten beschreiben (rollen, drücken, zerkleinern, ziehen, zusammenfügen, glatt, rau, wellig, platt, winzig, groß), kann also das Sprechen unterstützt und angeregt werden. Außerdem können passende rhythmische Verse zu den gleichmäßigen Rollbewegungen beim Kneten aufgesagt und damit das Gefühl des Kindes für Silben und den Sprachrhythmus gefördert werden.

Da das Kneten eine sehr ruhige Aktivität ist, verschafft es Kindern zusätzlich einen sensorischen Input und kann insbesondere die Konzentrationsdauer von unruhigen Kindern verlängern. Darüber hinaus können Kinder, bevor sie Buchstaben schreiben können, große Buchstaben mit Knetwürstchen formen oder dicke Buchstaben auf ein Blatt Papier malen und diese anschließend mit Knete nachlegen. Außerdem kann das Lesen als sehr abstrakter Vorgang durch das Formen des Lernstoffes (z. B. geometrische Figuren) veranschaulicht werden.

Rasierschaum

Das Spielen, Experimentieren, Malen und Matschen mit Rasierschaum ist nicht nur eine lustige und abwechslungsreiche Übung, die Kindern mit Sicherheit viel Spaß bereiten wird, sondern darüber hinaus auch eine wundervolle Methode, um insbesondere die Wahrnehmung im Bereich des Tastens zu fördern. Außerdem schult das Spielen mit Rasierschaum die feinmotorischen Fähigkeiten von Kindern, trainiert die Auge-Hand-Koordination, unterstützt ihre Kreativität und Fantasie und prägt ihre visuelle Wahrnehmung.

Material:

- Rasierschaum
- ein Tisch, eine flache Schale, ein Fenster, ein Spiegel oder ein Tablett als Unterlage
- Lappen und Handtuch zum Saubermachen
- optional: Lebensmittelfarbe zum Einfärben

Anleitung:

1. Im ersten Schritt wird der Rasierschaum auf der gewählten Unterlage verteilt. Gerne können Sie dabei Ihrem Kind die Flasche mit dem Rasierschaum überlassen, damit es gleichzeitig seine Kraftdosierung schulen kann.

2. Optional können nun noch einige Tropfen Lebensmittelfarbe zum Rasierschaum hinzugefügt werden, um das Spiel optisch ansprechender zu gestalten.

3. Anschließend kann Ihr Kind seiner Kreativität freien Lauf lassen und herumexperimentieren.

Topfschwämme

Das Spielen mit Topfschwämmen kann sehr vielfältig sein und eine Reihe wichtiger Kompetenzen und Fähigkeiten schulen. So können mit dem Material etwa die Raumwahrnehmung, die Auge-Hand-Koordination und die Farbwahrnehmung gefördert werden. Durch das Stapeln, Ausbalancieren und Greifen der Schwämme (sowohl mit der Hand als auch mit einer Zange) werden darüber hinaus die feinmotorischen Fähigkeiten von Kindern gestärkt. Das Legen und Erkennen von Mustern und Reihenfolgen trainieren weiterhin die Serialität sowie das visuelle Gedächtnis. Indem Kinder Objekte anfassen und diese von einer Hand in die andere geben, erforschen sie zur selben Zeit zusätzlich basale Taststrategien, sammeln fundamentale taktile Erfahrungen und können die Reize am Körper wahrnehmen. Im Zuge dessen begeben sich Kinder auf kleine Erkundungstouren und üben haptische Handlungen (z. B. Drehen und Werfen) oder orales Erkunden (Schwämme in den Mund nehmen) aus.

Der Einsatz von Topfschwämmen gestaltet sich vielseitig und bedarf nicht zwangsläufig weiterer Bastelei. Gegebenenfalls können einige Schwämme jedoch in der Mitte zerschnitten werden, um die Größen zu variieren. Anschließend können Kinder die Schwämme zum Beispiel mit den Händen oder einer Zange zu einem Turm stapeln, sie mit den Händen oder einer Zange nach Farben sortieren oder verschiedene Muster legen. Außerdem lassen sich Schwämme auch wunderbar mit dem gesamten Körper erkunden.

Greifrolle

Durch die an der Greifrolle befestigten Perlen, die Kinder greifen und an denen sie ziehen können, fördert die Greifrolle, wie der Name bereits verrät, das gezielte Greifen, die visuomotorischen Fähigkeiten, die Auge-Hand-Koordination und die Hand-Hand-Koordination. Zusätzlich können mit der Greifrolle eine angemessene Kraftdosierung, die Fingerbeweglichkeit, die haptische Wahrnehmung sowie die Beweglichkeit im Schulter-, Ellbogen- und Handgelenk trainiert werden.

Material:
- eine leere Dose, z. B. eine Chipsdose
- Band oder Schnüre
- Folie oder Pappe zum Bekleben
- farbige Holzperlen, die ein Loch in der Mitte haben
- Schere
- eine dicke Nadel

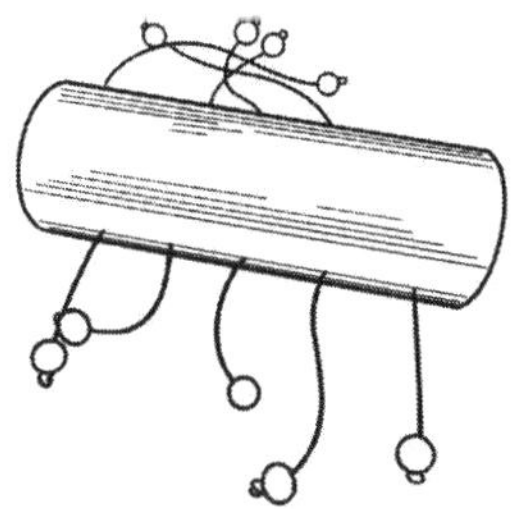

Bastelanleitung:

1. Zunächst wird die leere Dose mit Folie oder Pappe beklebt. Hierfür eignen sich zum Beispiel verschiedene Texturen, wie Wellpappe.
2. Anschließend werden in die beklebte Dose Löcher gebohrt, wobei immer jeweils zwei Löcher gegenüberliegen müssen.
3. Nun werden immer durch zwei gegenüberliegende Löcher Bänder oder Schnüre durchgefädelt, die an beiden Seiten etwa 10 bis 15 Zentimeter herausschauen sollten.
4. An die Enden der Bänder bzw. der Schnüre werden dann auf jeder Seite Holzperlen aufgefädelt.
5. Abschließend wird der Deckel auf die Dose geklebt.

Tipp: Zusätzlich könnte die Greifrolle mit weiterem Material, zum Beispiel Sand, Mehl, Reis, Knöpfen oder Steinen, befüllt werden, um weiterhin die auditive Wahrnehmung von Kindern zu schulen.

Fühlbrett

Fühlbretter mögen auf den ersten Blick zwar simple Spielzeuge sein, lassen sich jedoch beliebig gestalten und erweitern und sind damit ein wundervolles Tool, um in erster Linie die taktile Wahrnehmung sowie das Tasten von Kindern zu schulen. Erkunden Kinder das Fühlbrett mit ihren Händen, werden sie ganz schnell bemerken, welche Dinge und Oberflächen sich für sie gut anfühlen und welche vielleicht kratzen. Dabei nehmen sie die verschiedenen Reize über ihre Hände wahr, erfahren verschiedene Tastqualitäten und erkunden, indem sie über die Objekte zum Beispiel mit ihrer Hand oder den Fingerspitzen streichen und ihren Fingerdruck dabei dosieren, basale Taststrategien.

Material:
- ein dünnes Holzbrett in der entsprechenden Größe
- unterschiedliche Dinge zum Fühlen, z. B. Wellpappe, Schwämme, Watte, Bürsten, Knöpfe, Tannenzapfen, Kieselsteine, Hupen, Klingel, Glocken
- Holzkleber

Bastelanleitung:

- Für das Fühlbrett müssen einfach nur sämtliche ausgesuchte Fühlobjekte beliebig auf das Holzbrett geklebt werden.

Tipp: Achten Sie beim Kleben darauf, dass Sie Dinge, die sich ähnlich anfühlen, nicht unmittelbar nebeneinander kleben.

Klingelbrett

Das Klingelbrett eignet sich nicht nur für ältere Kinder, sondern vor allem auch für Kleinkinder hervorragend, da es ganz einfach in Reichweite des Kindes, das zum Beispiel in Bauchlage vor dem Klingelbrett liegt, positioniert werden kann. Bereits durch leichte Berührungen kann das Kind dann das Klingeln der Bälle auslösen und dabei sowohl basale visuelle Leistungen zeigen und auf bewegte Sehreize reagieren als auch visuomotorische Fähigkeiten trainieren. Zusätzlich fördert das Klingelbrett die Auge-Hand-Koordination, allgemeine feinmotorische Fähigkeiten sowie taktile Fähigkeiten.

Material:

- ein dünnes Holzbrett in der entsprechenden Größe
- Metallfedern
- Klingelbälle, z. B. im Tierhandel als Katzenspielzeug erhältlich
- Holzbohrer
- Sekundenkleber oder eine Heißklebepistole

Bastelanleitung:

1. Bohren Sie zunächst kleine Löcher, entsprechend den Durchmessern der Metallfedern, in das Holzbrett.
2. Anschließend werden die Federn mit einem Ende in die Löcher geklebt, wobei die jeweiligen Löcher am besten mit Heißkleber gefüllt werden.
3. Sobald die Metallfedern getrocknet sind, werden die Klingelbälle oben an die Federn geklebt.

Kistenspiel

Das Kistenspiel lässt sich ganz einfach, schnell und kreativ selbst basteln und kann vielfältig ausgestaltet werden. Grundsätzlich fördert das Kistenspiel die Auge-Hand-Koordination, die Hand-Hand-Koordination, die feinmotorischen Fähigkeiten, die taktile Wahrnehmung sowie die Farb- und Formwahrnehmung von Kindern.

Material:
- ein Schuhkarton oder eine Kiste mit Deckel
- Wäscheklammern in unterschiedlichen Farben
- bunte Pappe in den gleichen Farben der Wäscheklammern
- Schere
- optional: selbstklebende Folie

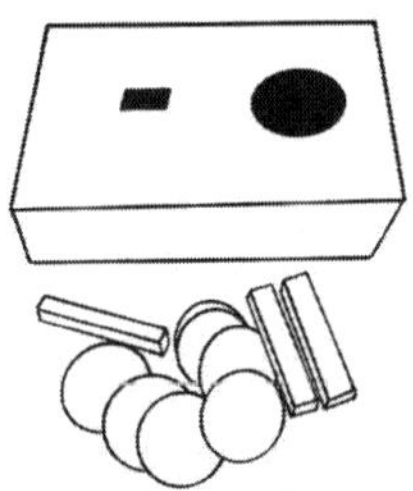

Bastelanleitung:

1. Im ersten Schritt wird der Karton je nach Vorliebe und Geschmack des Kindes bemalt oder mit selbstklebender Folie beklebt.
2. Anschließend wird in den Karton zunächst eine eckige Öffnung (ca. 5 x 3 cm) sowie eine runde Öffnung (ca. 10 cm Durchmesser) geschnitten.
3. Nun schneidet Ihr Kind Kreise aus der Pappe aus, deren Durchmesser kleiner als die Öffnung ist, damit die Kreise später durch diese hindurchpassen.

Nachdem das Kistenspiel fertig gebastelt wurde, kann es nun vielseitig zur Förderung eingesetzt werden. Zum einen könnte Ihr Kind die Wäscheklammern und Kreise nun in die dafür vorgesehenen Öffnungen werfen, zum anderen kann es sich im Karton auf die Suche nach den farblich zueinander gehörenden Klammern und Kreisen machen und die Wäscheklammern an die Kreise anheften. Alternativ könnten Sie Ihrem Kind außerdem die Aufgabe geben, nur Kreise und Klammern einer ganz bestimmten Farbe zu suchen und diese in den Karton zu werfen bzw. sie aus diesem herauszuholen.

Um den Schwierigkeitsgrad des Kistenspiels zu steigern, können natürlich noch weitere Farben, Formen und Gegenstände hinzugenommen werden, die Materialien lediglich mit den Händen ertastet werden oder der Karton mit Sand befüllt und die Materialien darin versteckt und anschließend gesucht werden.

Bonus: Gezieltes Förderungsmaterial

Wie wir bereits wissen, sind wichtige fein- und grafomotorische Fähigkeiten die Grundlagen und gleichzeitig die Voraussetzungen für den Schreibprozess von Kindern in der Schule. Idealerweise haben sie diese Fähigkeiten deshalb bereits im Kindergarten und im Vorschulalter geübt und ausgebildet. Im Zuge dessen stehen Übungen

- zur Vorbereitung auf das Schreiben,
- für die Auge-Hand-Koordination und die Handmotorik sowie
- für die richtige Kraftdosierung beim Schreiben

im Mittelpunkt, die nicht nur im Kindergarten und Vorschulalter, sondern darüber hinaus auch nach Schuleintritt fortgeführt werden sollten.

Außerdem sollte die Händigkeit von Kindern spätestens ein Jahr vor Schulbeginn erkannt werden, um sowohl die feinmotorischen als auch die grafomotorischen Fähigkeiten der dominanten Hand bis zum Beginn der Schule optimal ausdifferenzieren zu können.

Daran anknüpfend kann und sollte die sichere Stifthaltung für ein leserliches und sauberes Schriftbild geübt, ermüdungsfreies Schreiben mit richtigem Druck sowie die Handhaltung beim Schreiben von Buchstaben und ganzen Wörtern optimiert werden. Je älter die Kinder werden, umso mehr rückt das sogenannte Feintuning ins Zentrum, wobei die bereits erlernten grundlegenden Kenntnisse und Fähigkeiten weiter ausgebaut und geübt werden müssen. Daneben sind natürlich auch motivationale Aspekte wichtig, die durch spaßige und abwechslungsreiche Förderung erzielt werden können.

Hier geht es zum gezielten Förderungsmaterial zum Downloaden:

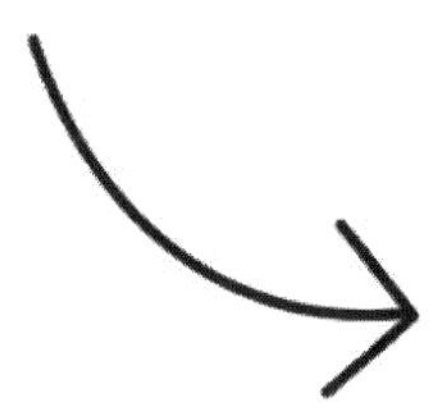

https://bit.ly/43FEKoo

Auf dem Weg zum Schreibprofi

Obgleich das Schreiben für nahezu alle Erwachsene vollkommen normal ist, erfordert das Erlernen des Schreibprozesses von Kindern eine Menge Geschick und viel Geduld. Neben der optimalen Stiftführung sowie der richtigen Stifthaltung müssen Kinder lernen, den Druck, den sie mit ihrem Stift auf das Papier ausüben, zu regulieren und ihre am Schreiben beteiligten Muskeln richtig einzusetzen.

Damit der Prozess des Schreibens bei allen Kindern möglichst reibungslos und ohne Probleme abläuft, sollten Kinder bereits vor Eintritt in die Schule über altersentsprechende und gut ausgebildete feinmotorische Fähigkeiten verfügen, die die Grundlage für die grafomotorischen Fähigkeiten legen. Um im Zuge dessen Schwierigkeiten vorzubeugen und sich an die filigrane Ausführung von Bewegungen mit der Hand zu gewöhnen, eignen sich die unterschiedlichsten, speziell auf die Grafomotorik ausgerichteten Übungen.

Bevor sich Kinder dabei jedoch an die zu Beginn noch sehr komplexen fein- und grafomotorischen Herausforderungen wagen, die sie für das Schreiben benötigen, sollte das notwendige Fundament für die Handgeschicklichkeit gelegt werden. Dafür sollte in jedem Fall die Zeit im Kindergarten bzw. die Zeit in der Vorschule genutzt werden, um Ihrem Kind die nötigen Grundlagen für die Entwicklung einer ausgezeichneten Grafomotorik an die Hand zu geben.

Da sich jedes Kind in seinem ganz eigenen Tempo entwickelt, sollten Meilensteine in der Entwicklung jedoch immer nur als grobe Orientierungspunkte betrachtet werden. Kinder entwickeln sich in ihrem eigenen Tempo, weshalb die kindliche Förderung immer auch sehr individuell ist und auf das eigene Kind und seine Fähigkeit angepasst werden sollte. Mit Fleiß, Übung, Unterstützung und Spaß steht einer optimalen Entwicklung der grafomotorischen Fähigkeiten Ihres Kindes aber nichts mehr im Wege – in dem Sinne:

Auf zum Schreibprofi!